Christian Dose | Carolin Gerstenmaier

NEW YORK

USA

50 TIPPS ABSEITS der ausgetretenen PFADE

360° medien

IMPRESSUM
USA – New York
50 Tipps abseits der ausgetretenen Pfade
Christian Dose | Carolin Gerstenmaier

© 2022 360° medien
Nachtigallenweg 1 | 40822 Mettmann
360grad-medien.de

Das Werk ist in allen seinen Teilen urheberrechtlich geschützt. Jede Verwertung außerhalb der engen Grenzen des Urheberrechtsgesetzes ist ohne Zustimmung des Verlags unzulässig. Dies gilt insbesondere für Vervielfältigungen, Übersetzungen, Mikroverfilmungen und die Einspeicherung sowie Verarbeitung in elektronischen Systemen.

Der Inhalt des Werkes wurde sorgfältig recherchiert, ist jedoch teilweise der Subjektivität unterworfen und bleibt ohne Gewähr für Richtigkeit, Vollständigkeit und Aktualität.

Redaktion und Lektorat: **360° medien**

Satz und Layout: **360° medien**

Gedruckt und gebunden:
LD Medienhaus GmbH & Co. KG | Feldbachacker 16 | 44149 Dortmund
www.ld-medienhaus.de

Bildnachweis: **siehe Seite 288**

ISBN: 978-3-96855-003-9
Hergestellt in Deutschland

360grad-medien.de

Christian Dose | Carolin Gerstenmaier

NEW YORK
USA

50 TIPPS ABSEITS der ausgetretenen PFADE

360°medien

Vorwort

Natürlich ist New York die Stadt, die „niemals schläft". Die Stadt pulsiert – auch die Corona-Pandemie konnte der Stadt, obwohl schwer getroffen, ihre Lebensfreude nicht nehmen. Unverändert ist der Big Apple eines der beliebtesten Reiseziele in den USA.

In der Metropole wartet scheinbar an jeder Straßenecke ein Abenteuer. Der Central Park, der glitzernde Times Square oder das One World Trade Center sind weltbekannt. In der Freiheitsstatue sehen Menschen auf der ganzen Welt ein Symbol für Freiheit, Hoffnung und Demokratie. Darüber hinaus gibt es aber auch Plätze in der Millionenmetropole, an denen Sie etwas abseits des Bekannten flanieren, aber dennoch mittendrin sind: Hier werden Sie meist auf erheblich weniger Menschen treffen als an den traditionell beliebten touristischen Plätzen. 50 dieser einzigartigen Orte in New York sowie im angrenzenden New Jersey und auf Long Island stellen wir Ihnen in diesem Buch vor.

An vielen dieser Plätze abseits der ausgetretenen Pfade sind Sie inmitten von New Yorkern: Waren Sie beispielsweise schon auf der Halbinsel Sandy Hook mit ihren Traumstränden, die mit der Schnellfähre nur 30 Minuten von der Wall Street entfernt ist? Sind Sie schon durch den Brooklyn Botanic Garden geschlendert? Haben Sie die George Washington Bridge – Traumblick auf Manhattan garantiert – überquert oder mit dem Fahrrad das pulsierende Harlem erkundet?

Auch wenn Sie, wie die Mehrzahl der Besucher, nur wenige Tage in New York bleiben, nehmen Sie sich die Zeit, auch weniger bekannte Ecken zu besuchen! Schnell entdecken Sie ein anderes, Ihre bisherigen Eindrücke ergänzendes New York: oftmals ruhiger, genauso aufregend, in jedem Fall authentischer – auch in Manhattan. Und schon ein halber Tag in Brooklyn bietet die Möglichkeit, Big Apple aus einer anderen Perspektive zu erleben. Ebenso lohnen ein Ausflug ins nördliche Harlem, ins multikulturelle Queens und in die Bronx. Oder fahren Sie mit der kostenlosen Fähre nach Staten Island, dem Stadtteil am Wasser. Und von New Jersey aus bestaunen Sie abends einen Sonnenuntergang, der mindestens so schön ausfällt wie von

Brooklyn aus! Darüber hinaus erleben Sie hier den Panoramablick ungestörter.

New Yorks Skyline at Night

Dieses Buch ist sowohl für Erstbesucher der Metropole als auch für Besucher, die bereits viele Ecken in New York entdeckt haben, nützlich. Vielleicht möchte man schon beim ersten Mal den pulsierenden Bip Apple in voller Vielfalt erleben – spätestens aber beim zweiten Besuch wächst erfahrungsgemäß der Wunsch, noch mehr und andere Facetten der Stadt zu besichtigen. Uns ist natürlich bewusst: Alle 50 Tipps jenseits des Bekannten wird niemand auf einer Reise abklappern, allein das würde zehn oder mehr Tage füllen. Unser Ziel ist es, Sie zu inspirieren, während Ihres Aufenthalts in New York auch einige Sehenswürdigkeiten jenseits des Mainstreams zu erkunden und Sie zu ungewöhnlichen Aktivitäten und Ausflügen zu motivieren.

Zu diesem Buch: Jedem der fünf Bezirke der Stadt sind eigene Kapitel gewidmet, ebenso dem benachbarten Bundesstaat New Jersey sowie dem nahen Urlaubsidyll Long Island. Umfangreiche Informationen, beispielsweise Öffnungszeiten, die nächstgelegene Subway-Station und die Kosten (in US-Dollar, ohne Steuern), ergänzen jede der 50 Empfehlungen.

Wir wünschen Ihnen eine anregende Lektüre mit unseren 50 Tipps abseits der ausgetretenen Pfade – und dann eine unvergessliche Reise nach New York, die Sie so eher wie ein Einheimischer statt wie ein Tourist erleben werden!

Christian Dose – mit Unterstützung von
Carolin Gerstenmaier

Inhaltsverzeichnis

WILLKOMMEN IM BIG APPLE 12

TOP TEN DER SEHENSWÜRDIGKEITEN 16

KURIOSES & BESONDERHEITEN 22

SÜDLICHES MANHATTAN 24
1. Governors Island: Glamping mit Traumblick 30
2. New York University: Uni-Atmosphäre schnuppern 34
3. The Morgan Library & Museum: Besuch in der Milliardärs-Bücherei 38
4. Ruhige Oasen in Manhattan: Broadway Boulevard, Parks und Wasserfälle 42
5. United Nations Plaza: Besuch bei den Vereinten Nationen 46
6. Hotel-Hopping: auf einen Espresso oder Drink in legendären Hotels 50
7. Sportlicher Ausflug: geführte Kajaktour auf dem Hudson River 54
8. Ureigene New Yorker Kunst: Street-Art 58
9. New York: Filmkulisse par excellence 62
10. Weihnachten: mehr als nur der Tannenbaum am Rockefeller Center 66
11. Bryant Park: kostenlos Eislaufen im Winter Village 70

NÖRDLICHES MANHATTAN 74
12. Roosevelt Island: per Seilbahn zur Auszeit auf der Insel 78
13. Central Park: farbenfroher Indian Summer in der City 82
14. Big Apple Greeter: mit einem Einheimischen entlang der Upper West Side 86
15. First Corinthian Baptist Church: Gospel-Gottesdienst auf individuelle Art 90
16. Adrenalinkick: mit dem Fahrrad durch Harlem 94

17. Hamilton Grange National Memorial: zu Gast bei einem Gründungsvater 98
18. Morris-Jumel Mansion: Spaziergang rund um Manhattans ältestes Gebäude 102
19. Washington Heights: zwischen lateinamerikanischem Lifestyle und altem Leuchtturm 106

BROOKLYN 110

20. Brooklyn Heights: edles Wohnviertel mit Skyline-Blick 116
21. Old Stone House: kurzer Streifzug durch Brooklyns Historie 120
22. Grand Army Plaza Greenmarket: authentischer Wochenmarkt 124
23. Brooklyn Botanic Garden: grüne Romantik mit Japan-Flair 128
24. Williamsburg: abends in der Hipster-Hochburg 132
25. Greenpoint: aufkommendes In-Viertel 136
26. Dyker Heights: Weihnachtsrausch auf eigene Faust 140

QUEENS 144

27. Long Island City: Künstler-Viertel mit Skyline-Blick 150
28. Subway Linie 7: der „International Express" unter den U-Bahnlinien 154
29. Flushing Meadows Corona Park: bekannt aus der Sport- und Filmwelt 158
30. Queens Night Market: Multikulti-Dining am Samstagabend 162
31. Jamaica Bay Wildlife Refuge: perfekt für Vogelfreunde 166
32. Jacob Riis Park: frische Meeresbrise in Queens 170

THE BRONX 174

33. Wave Hill: Parkanlage und Arboretum entlang des Hudson River 180

34. Hall of Fame for Great Americans: Ruhmeshalle zu Ehren verdienter Amerikaner 184
35. New York Botanical Garden: mehr als eine Million Pflanzen 188
36. Orchard Beach und City Island: Perlen der Bronx 192

STATEN ISLAND 196
37. Staten Island September 11 Memorial: Gedenkstätte mit Skyline-Blick 202
38. Snug Harbor Cultural Center & Botanical Garden: Kunst, Botanik und mehr 204
39. Fort Wadsworth: Spaziergang durch Militärgeschichte und mit Panoramablick 208
40. South Beach: Strand der Einheimischen 212

NEW JERSEY 216
41. Chart House Weehawken: Dinner mit Skyline-Blick 222
42. Hudson River Waterfront Walkway/Exchange Place: perfekter Platz zum Sonnenuntergang 224
43. Liberty State Park: urbane Oase 228
44. Sandy Hook: erholsames (Halb)insel-Glück im Atlantik 232

LONG ISLAND 236
45. Jones Beach State Park: beliebtester Strand in der Region 242
46. Robert Moses State Park: Spaziergang zum Leuchtturm 246
47. Main Beach: prämierte Strandidylle in East Hampton 250
48. LongHouse Reserve: versteckter Skulpturengarten 254
49. Montauk: relaxtes Surfer-Idyll 258
50. Sag Harbor und Shelter Island: verträumte Örtchen in den Hamptons 262

REISETIPPS VON A BIS Z 266

ANHANG A – RESTAURANT-EMPFEHLUNGEN 276

ANHANG B – AUSGEWÄHLTE UNTERKÜNFTE 280

ANHANG C – KINOFILME ZUM EINSTIMMEN 282

REGISTER 284

BILDNACHWEIS 288

Nervenkitzel pur: Klettersteig City Climb an der Aussichtsplattform The Edge auf nahezu 400 Meter Höhe

Willkommen im Big Apple

Der Spirit von New York ist einzigartig dynamisch. Die Metropole erscheint immer unvollendet, nie fertiggestellt. Ständig im Wandel – und zugleich so vielfältig wie kaum eine andere Stadt. Natürlich lässt sich auch in London, Rom, San Francisco, Kapstadt oder Sydney gut eine Woche verbringen. Doch New York ist anders: Schon binnen zwei Jahren kann sich das Gesicht der Stadt bedeutend verändern, so schnell wie wohl nirgendwo sonst: Zusätzliche Attraktionen wie zuletzt die Aussichtsplattform Summit One Vanderbilt oder der Klettersteig City Climb in 390 Meter Höhe am Hochhaus 30 Hudson Yards wurden eröffnet, weitere Wolkenkratzer prägen die Skyline. Zugleich etablieren sich neue Galerien, Restaurants und Trends, während vermeintlich bekannte Geschäfte und Bars verschwinden. Parallel erobern sich die Menschen die Natur und das Wasser zurück: Gerade am East River weichen immer mehr ehemalige Industrieflächen neuen Parks. Und so ist die Stadt mit ihren knapp neun Millionen Einwohner immer im Umbruch, und genau das macht jeden Besuch im Big Apple so inspirierend.

Jeder möchte gern – und aufgrund des sich verändernden Panoramas auch wiederholt – die Aussicht vom Empire State Building genießen, den funkelnden Bau des One World Trade Center fotografieren und über die Brooklyn Bridge spazieren. Allein Manhattan bietet so viele Attraktionen, dass eine Woche nicht reicht, um die dortigen Sehenswürdigkeiten in Ruhe zu genießen. Dennoch bleiben selbst die größten Fans des Big Apple auf einer Reise selten länger als eine Woche vor Ort – und schaffen es von Manhattan aus vielleicht gerade noch nach Brooklyn, um wenigstens einen weiteren Borough (Bezirk) zu erkunden. Queens, die Bronx und Staten Island hingegen bleiben oft außen vor.

50 Tipps abseits der ausgetretenen Pfade
Dieses Buch möchte Sie animieren, New York auch abseits der bekannten Plätze zu erleben. Diese finden Sie in Manhattan wie auch in den anderen Bezirken, ebenso in der New York Metropolitan Area: im benachbarten New Jersey und auf Long Island. Dabei sind die Tipps in der Regel so gewählt, dass Sie jeweils gut einen halben

oder ganzen Tag im jeweilligen Borough verbringen und mehrere Tipps miteinander kombinieren können.

Um Ihnen eine bestmögliche Orientierung zu bieten, sind die 50 Tipps in acht Kapitel untergliedert:
- Aufgrund seiner Bedeutung ist Manhattan die größte Anzahl an Empfehlungen gewidmet Die insgesamt 19 Attraktionen und Erlebnisse sind geografisch aufgeteilt auf das südliche und nördliche Manhattan, sodass sich unsere Empfehlungen bequem in Stadtbummel im jeweiligen Stadtteil integrieren lassen. Dazu zählt beispielsweise die Morgan Library, initiiert durch den Bankier J.P. Morgan. Hier erleben Reisende ein einzigartiges Museum-Schätzchen, das nicht weniger fasziniert als das berühmte und große MoMA (Museum of Modern Art). Eine Übernachtung im Zelt auf Governors Island könnte indes den Höhe- und Schlusspunkt einer Reise nach New York bilden. Kann es Schöneres geben, als aus einem gemütlichen Bett heraus den Sonnenaufgang an der Freiheitsstatue zu erleben? Im nördlichen Manhattan wiederum ist eine Fahrradtour eine der besten Möglichkeiten, das pulsierende Harlem zu erkunden. Und wer die Stadt gemeinsam mit einem Einheimischen erleben möchte, bucht eine kostenlose Stadtführung mit den Big Apple Greetern – beispielsweise entlang der Upper West Side bis zum Central Park.

Blick auf das Empire State Building von der neuen Aussichtsplattform Summit One Vanderbilt

South Beach: familienfreundlicher Strand auf Staten Island

- Für Brooklyn, dem zweitbeliebtesten Bezirk der New York-Besucher, finden Sie sieben Empfehlungen für Erkundungen abseits des Mainstreams. Wie wäre es beispielsweise mit entspannenden Stunden im Brooklyn Botanic Garden oder einem Streifzug durch das aufstrebende Greenpoint?
- In Queens wiederum vermittelt eine Fahrt mit der Subway-Linie 7 als „International Express" multikulturelles Flair. Im Jacob Riis Park hingegen genießen Sie Strandatmosphäre und die frische Meeresbrise des Atlantik.
- Auch die Bronx bietet viel Überraschendes. Dazu zählen unter anderem die weitläufigen Gartenanlagen des Wave Hill sowie der Orchard Beach, bekannt als die „Riviera der Bronx".
- Die kostenlose Fähre nach Staten Island zählt zu den beliebtesten Attraktionen. Doch der Stadtteil am Wasser bietet weit mehr: beispielsweise entspannte Stunden am South Beach oder einen Spaziergang zum Aussichtspunkt Fort Wadsworth.
- Sehenswerte Plätze in New Jersey sind dank der Fähren auf dem Hudson River schnell und bequem erreichbar. Gerade einen Abstecher zum Sonnenuntergang sollte sich niemand entgehen lassen – vom Hudson River Waterfront Walkway oder von Weehawken aus gelingen beste Erinnerungsfotos.
- Natürlich verfügt auch die Metropole selbst über schöne Strände, aber das trubelige Leben bleibt doch meist präsent. Echte maritime Urlaubsidylle im Anschluss an die Städtereise

lässt sich jedoch ebenfalls vergleichsweise einfach erleben: Mit dem Auto liegen preisgekrönte Strände, beispielsweise der Main Beach in East Hampton, und entspannte Städtchen wie Montauk nur drei bis vier Stunden vom Central Park entfernt. Einige Nächte auf Long Island sind eine echte Wohltat nach tagelangem Sightseeing in der Millionenmetropole.

Darüber hinaus finden Sie in diesem Buch eine Übersicht der zehn beliebtesten Attraktionen New Yorks – als Gegensatz zu den 50 Tipps abseits der ausgetretenen Pfade. „Kurioses und Besonderheiten" der Metropole werden Ihnen vorgestellt, ebenso finden Sie in diesem Werk praktische Reisetipps und Empfehlungen für Restaurants und Hotels sowie Kinofilme zur Einstimmung auf einen Besuch im Big Apple.

Mit „New York is a work of art in and of itself. It's a masterpiece that shouldn't make sense, yet somehow, it does!" beschrieb die amerikanische Autorin Jacqueline E. Smith das Gesamtkunstwerk New York pointiert (zu deutsch in etwa: New York ist ein Kunstwerk an und für sich. Es ist ein Meisterwerk, das eigentlich keinen Sinn ergeben sollte, aber irgendwie tut es das doch). Diese Umschreibung der außergewöhnlichen Metropole traf einen Nerv und wurde in den USA vielfach zitiert, sogar 2021 im Rahmen eines Werbeslogans des Empire State Building. In diesem Sinne: Reisen Sie los und entdecken Sie dieses Meisterwerk samt 50 Orten abseits der ausgetretenen Pfade!

In den Monaten vor der Veröffentlichung dieses Buchs mussten Lokale und Attraktionen aufgrund der Corona-Pandemie immer wieder ihre Öffnungszeiten einschränken oder zeitweise komplett schließen. Die in diesem Band angegebenen Öffnungszeiten wurden gewissenhaft nach dem letzten bekannten Stand recherchiert – mit weiteren Änderungen ist jedoch nach der Pandemie zu rechnen. Deshalb empfehlen wir Lesern, während des Aufenthalts in New York Öffnungszeiten und Preise anhand der im Buch aufgeführten Internetseiten selbst zu überprüfen. Überdies können sich Einreiseregeln sowie weitere Vorschriften jederzeit ändern.

TOP 10

DER SEHENSWÜRDIGKEITEN IN NEW YORK

New York lockt mit scheinbar unendlich vielen Attraktionen: vom Central Park über die 2021 eröffnete Aussichtsplattform Summit One Vanderbilt, das legendäre Empire State Building, die neu geschaffene künstliche Insel Little Island und die beliebte Brooklyn Bridge bis hin zum Vergnügungspark Coney Island direkt am Meer. Auch wenn dieses Buch in erster Linie 50 Plätze abseits der ausgetretenen Pfade vorstellt, möchten Ihnen die Autoren zusätzlich zehn Klassiker im Big Apple empfehlen.

---

1 Central Park: Als „grüne Lunge" von Manhattan ist der weitläufige Central Park bekannt. Hier pausieren Touristen beim Picknick, während die Einheimischen im Park eine Joggingrunde drehen oder eine Partie Baseball spielen. Für eine Erkundungstour sollten Urlauber ausreichend Muße mitbringen: Der zweitgrößte Park der Stadt erstreckt sich über eine Fläche von 341 Hektar, entsprechend mehr als 475.000 Fußballfeldern. Ein Spaziergang startet idealerweise an der Grand Army Plaza am südwestlichen Ende und führt entlang der zentralen Promenade The Mall Richtung Bethesda Fountain und The Lake. Für Familien interessant: kurze Touren mit dem Ruderboot oder ein Besuch im Central Park Zoo (bekannt aus dem Zeichentrickfilm „Madagaskar"). Fahrräder können ebenfalls gemietet werden. Im Herbst punktet die Grünanlage mit dem typischen Farbenspiel der Bäume während des Indian Summer (siehe Seite 82); *centralparknyc.org*

2 **Empire State Building:** Auch wenn es längst nicht mehr das höchste Gebäude der Metropole ist, gilt das Empire State Building mit seinen zwei Aussichtsplattformen – im 86. und 102. Stock – als beliebtester Wolkenkratzer im Big Apple. Schon wegen seiner Art-déco-Architektur fasziniert das 1931 eröffnete Gebäude viele Besucher. Mit einer Gesamthöhe von 443 Metern war es bis 1972 der weltweit höchste Wolkenkratzer. Viele Besucher präferieren die untere Plattform angesichts des Außendecks und der niedrigeren Preise. Bekannt ist das Gebäude, das auch über ein sehr sehenswertes Foyer verfügt, aus zahlreichen Filmen, beispielsweise „King Kong" und „Schlaflos in Seattle". Tickets sollten vorab reserviert werden, um Wartezeiten zu reduzieren; *esbnyc.com*

3 **Statue of Liberty und Ellis Island:** Das wohl berühmteste Wahrzeichen der USA gilt als Symbol für Freiheit: Die Statue of Liberty, liebevoll Lady Liberty genannt, war für Millionen von Einwanderern das Signal der Hoffnung, als sie Amerika erreichten. Hier auf Liberty Island durften sie an Land gehen und wurden anschließend auf der benachbarten Insel Ellis Island offiziell registriert. Kein anderer Ort in New York ist wohl so geschichtsträchtig. Die weltbekannte Statue ist 92,9 Meter hoch und wurde als ein Geschenk Frankreichs im Jahr 1886 eingeweiht. Ein Besuch der Freiheitsstatue und des 2019 eröffneten

Statue of Liberty Museum sowie des Einwanderermuseums Ellis Island National Museum of Immigration sind kostenlos, die Fährfahrten allerdings kostenpflichtig und zudem mit strengen Sicherheitskontrollen versehen. Die Tickets sind beliebt und sollten frühzeitig reserviert werden. Wer eine der ersten Abfahrten morgens bucht, erlebt Liberty Island nicht inmitten der Besuchermassen; *statueofliberty.org, nps.gov/stli*

4 **9/11 Memorial & Museum:** Die Terror-Anschläge vom 11. September 2001 haben die Stadt tief erschüttert. An die zerstörten Zwillingstürme des World Trade Center und die knapp 3000 getöteten Menschen erinnert die Gedenkstätte Reflecting Absence mit zwei Wasserbecken, exakt auf der Grundfläche der zwei ehemaligen Wolkenkratzer. Auf der Umrandung der Pools wurden in Bronze die Namen der Opfer (auch die des Anschlags vom Februar 1996) eingraviert. Immer wieder finden sich an einzelnen Namen frische Rosen, welche die Angehörigen noch heute dort ablegen. Daneben liegt das 2014 eröffnete 9/11 Museum, welches umfassend und anschaulich über die Terroranschläge und die Geschichte des World Trade Center informiert – für viele Besucher ein bewegender Moment. Die Ausstellung beinhaltet 70.000 Exponate, welche an die Opfer und Überlebenden erinnern. Bei einem Rundgang werden unter anderem auch die letzten verbliebenen Teile der Grundmauer der Twin Towers passiert; *911memorial.org*

5 **One World Trade Center:** Das One World Trade Center als Nachfolger der Zwillingstürme erinnert mit seiner Höhe von 1776 Fuß (entsprechend 541 Metern) an das Jahr 1776, in dem die britischen Kolonien in Nordamerika ihre Unabhängigkeit von Großbritannien deklarierten. Von der verglasten

Aussichtsplattform eröffnet sich Besuchern ein unvergesslicher Blick – auch für denjenigen, der „New York von oben" schon vom Rockefeller Center oder Empire State Building genossen hat. Vom sogenannten One World Observatory erstreckt sich gen Norden das schier endlose Häusermeer von Manhattan, im Süden fällt der Blick auf die Freiheitsstatue, gen Osten zur Brooklyn Bridge. Und zum Sonnenuntergang versinkt im Westen malerisch die Sonne rotstrahlend über Hudson River und New Jersey. Tipp: Am frühen Vormittag und zum Sonnenuntergang gelingen die besten Fotos; *oneworldobservatory.com*

6 Rockefeller Center und Top of the Rock Observation Deck: Dank der großen Außenterrassen gilt das Top of the Rock Observation Deck vielen Besuchern als schönste Aussichtsplattform der Stadt. Weiterer Vorteil: Vom 70. Stock in rund 260 Meter Höhe lassen sich sowohl der Central Park als auch Empire State Building und Freiheitsstatue bestaunen. Weitere Attraktionen im weitläufigen Rockefeller Center, errichtet von John D. Rockefeller, dem einst reichsten Mann der USA, sind die Konzerthalle Radio City Music Hall sowie (im Winter) die Eislaufbahn und der berühmte Weihnachtsbaum; *topoftherocknyc.com*

7 Times Square und Broadway: Die hell funkelnde Leuchtreklame am Times Square ist ebenso weltbekannt wie der Platz selbst. Viele bezeichnen die weitläufige Kreuzung von Broadway und Seventh Avenue als das Herz der Stadt. Das pulsierende Leben polarisiert – viele lieben das bunte Treiben mit Selbstdarstellern wie dem bekannten Straßenmusiker „Naked Cowboy",

manche machen bewusst einen Bogen. Doch zumindest einmal sollte ein jeder Besucher den Times Square besucht haben. Er bildet zugleich das Zentrum des Theaterviertels mit mehr als 40 Bühnen und ist gesäumt von zahlreichen Geschäften jeglicher Preislage, Filialen populärer Fastfood-Ketten und edlen Restaurants; *timessquarenyc.org*

8 Metropolitan Museum of Art: Hier kann man zweifelsohne mehrere Tage verbringen – und sieht trotzdem nicht alles: Das Metropolitan Museum of Art ist eines der weltweit

größten und wichtigsten Ausstellungshäuser. Die Sammlung umfasst mehr als drei Millionen Exponate, meist herausragender Bedeutung aus den vergangenen 5000 Jahren. Besucher konzentrieren sich am besten auf wenige Teile des Museums, beispielsweise die ägyptische Sammlung mit dem Tempel von Dendur, griechische und römische Kunst oder, als weiteres Highlight, die Schau amerikanischer Exponate im American Wing; *metmuseum.org*

9 High Line Park

High Line Park: So schnell wie die grüne Oase entlang alter Gleise einer Hochbahn hat wohl kaum eine Attraktion die Herzen der New Yorker und der Besucher erobert. Der High Line Park entstand auf der Trasse einer früheren Güterzuglinie, die abgerissen werden sollte. Doch Anwohner und Künstler setzten sich für den Erhalt dieses Parts der Hochbahntrasse und für die Umwandlung in einen öffentlichen Park ein. Mittlerweile flanieren jährlich sieben Millionen Besucher über die Promenade auf Stelzen, die 2009 eröffnet und seitdem mehrfach erweitert wurde. Die High Line verbindet über gut zwei Kilometer das vergleichsweise junge Hudson Yards-Areal mit dem Meatpacking District; *thehighline.org*

10 Staten Island Ferry

Staten Island Ferry: Kaum ein Ausflug ist so entspannend wie sehenswert zugleich wie die Fahrt mit der Fähre nach Staten Island, New Yorks Stadtteil am Wasser. Während der kostenlosen, etwa 25-minütigen Fahrt folgt ein Fotomotiv dem anderen: erst die Skylines von Downtown Manhattan und Brooklyn, dann Governors Island (siehe Seite 30) und Freiheitsstatue. In Staten Island angekommen, sollten sich Urlauber Zeit nehmen, das nahe 9/11 Memorial (siehe Seite 202) zu besuchen. Die Fähre pendelt rund um die Uhr im 30-Minuten-Takt zwischen Battery Park, gelegen an der Spitze Manhattans, und Staten Island; *siferry.com*

KURIOSES & BESONDERHEITEN

IN NEW YORK

★ **Mehr ist Mehr:** In New York scheint alles größer, höher und schneller zu sein als anderswo – es gibt einfach von allem mehr! Hier steht das höchste Bürogebäude der Welt (One World Trade Center), die meisten Wolkenkratzer weltweit (rund 6000), nirgendwo werden mehr Sprachen gesprochen (rund 800). Und nach einem Einkaufsbummel bei Macy's, dem größten Warenhaus der Welt, kann der Besucher zur Stärkung in zahlreichen Restaurants so viel essen wie er schafft („all you can eat").

★ **Essen in New York: ein Paradies für Foodies und eine Reise um die Welt:** „Freshly brewed Brazil fair traded Caffè with creamy steamed nonfat soy milk and iced brown sugar" – Zu Deutsch: ein Becher Kaffee, aber mit Bohnen aus Brasilien, fettfreier Sojamilch und braunem Zucker. Typisch für New York ist eine sprachlich blumige und ausladende

Präsentation des Angebots an Speisen und Getränken. Spannend hierbei ist: Handelt es sich um eine liebevoll aufwertende Umschreibung eines profanen Bechers Kaffee oder trifft der Gast auf eine neue raffinierte Kreation, die von hier aus ihren kulinarischen Siegeszug in alle Welt starten wird? Das Angebot im

interkulturellen New York, wo gastronomische Traditionen so vieler Länder aufeinandertreffen, ist scheinbar grenzenlos. Berühmt geworden ist so unter anderem die New York Style Pizza, eine Weiterentwicklung der italienischen Köstlichkeit durch neapolitanische Einwanderer im 19. Jahrhundert hin zu dickerem Boden und Rand, oder der New Yorker Bagel, eine kringelförmige Teigware, die jüdische Einwanderer in die Stadt brachten. Für den schnellen Hunger gibt es übrigens an jeder Straßenecke „German Pretzels" zu kaufen (eine Interpretation der deutschen Bretzel) – ebenso den Hotdog, der angeblich im Big Apple erfunden wurde.

 Straßenmusik in der New Yorker Subway: „Always Look on the Bright Side of Life ...", ein guter Gedanke und ein beschwingter Start in den Tag, wenn den New Yorkern morgens bei ihrer Fahrt in der Subway dieser Song durch ambitionierte Nachwuchs- und Straßenmusiker präsentiert wird. Während der Fahrt im Untergrund wird musiziert, und das auf häufig beeindruckend hohem Niveau. Die Subway dient als Bühne, das Publikum aus Pendlern und Touristen schwingt mit.

SÜDLICHES MANHATTAN

Das One World Trade Center dominiert die Skyline von Downtown New York an der Südspitze von Manhattan.

Ob weltberühmte Wolkenkratzer wie das Chrysler Building, die weltweit wichtigste Börse oder bedeutende Museen wie das Metropolitan Museum of Art: Manhattan ist der bekannteste und wichtigste unter den fünf New Yorker Bezirken. Rund um den Times Square mit seinen funkelnden Reklametafeln schlägt wohl das Herz des Big Apple, während der Broadway den am dichtesten besiedelten Bezirk wie seine Hauptschlagader von Nord nach Süd durchzieht. Der Bezirk wandelt sich ständig: Restaurants und Geschäfte kommen und gehen, während gefühlt jedes Jahr eine neue Attraktion eröffnet oder wenigstens kräftig modernisiert wird.

Angesichts der vielen Sehenswürdigkeiten sowie der schieren Größe schon dieses einen Bezirks schaffen es viele Reisende gerade bei ihrer ersten New-York-Reise nicht, die Insel zu verlassen – vom Abstecher nach Roosevelt Island oder zu Lady Liberty abgesehen. Rund 1,6 Millionen Menschen leben hier. Somit ist schon allein dieser Bezirk größer als die gesamte bayrische Landeshauptstadt München, zumindest gemessen an der Einwohnerzahl.

Manhattan wiederum ist unterteilt in mehr als 30 Stadtteile. Der Süden mit Wall Street, One World Trade Center und den Fähren zur Freiheitsstatue gilt als Downtown. Midtown umfasst unter anderem den Times Square, das Rockefeller Center und das UN-Hauptquartier. Harlem ist wiederum nur einer von zahlreichen Stadtteilen in Uptown.

Aber kaum zu glauben: Selbst inmitten dieser Fülle an Attraktionen und Menschen gibt es gleichwohl noch immer Ecken, die weniger bekannt und überlaufen sind. Die Morgan Library mit ihren einzigartigen Exponaten in beeindruckenden Räumlichkeiten beispielsweise liegt zentral und wird doch oft übersehen. Die kleine Insel Governors Island ist als Ausflugsziel mit schöner Aussicht bekannt. Aber mittlerweile lässt es sich dort im behaglichen Glamping-Stil übernachten.

Angesichts der Vielzahl an Attraktionen werden die Empfehlungen für Manhattan in zwei getrennten Kapiteln vorgestellt: Elf Tipps liegen im „Südlichen Manhattan", acht Tipps im „Nördlichen Manhattan". Die Unterteilung erfolgt entlang der 59th Street am südlichen Ende des Central Park.

Union Square

Südliches Manhattan

1. Governors Island: Glamping mit Traumblick
2. New York University: Uni-Atmosphäre schnuppern
3. The Morgan Library & Museum: Besuch in der Milliardärs-Bücherei
4. Ruhige Oasen in Manhattan: Broadway Boulevard, Parks und Wasserfälle
5. United Nations Plaza: Besuch bei den Vereinten Nationen
6. Hotel-Hopping: auf einen Espresso oder Drink in legendären Hotels
7. Sportlicher Ausflug: geführte Kajaktour auf dem Hudson River
8. Ureigene New Yorker Kunst: Street-Art
9. New York: Filmkulisse par excellence
10. Weihnachten: mehr als nur der Tannenbaum am Rockefeller Center
11. Bryant Park: kostenlos Eislaufen im Winter Village

SÜDLICHES MANHATTAN

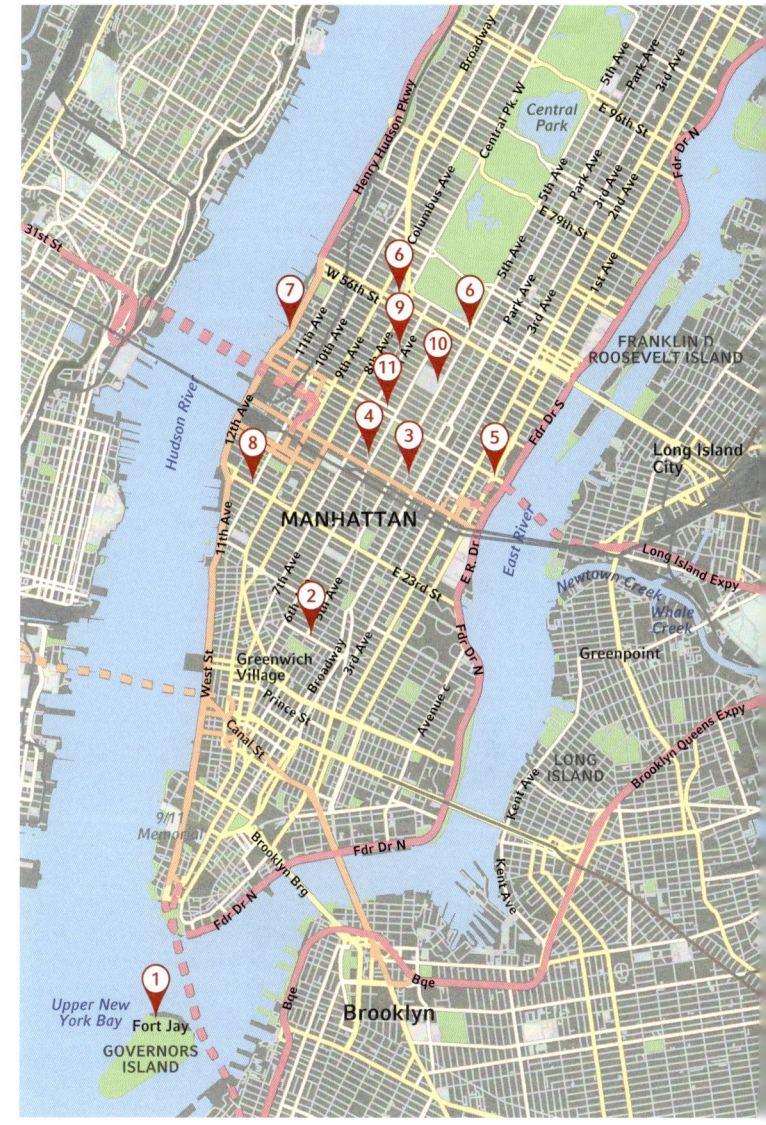

1. GOVERNORS ISLAND: GLAMPING MIT TRAUMBLICK

Die ersten Augenblicke des neuen Tages bleiben unvergesslich. Wer auf Governors Island übernachtet, genießt einen einzigartigen Sonnenaufgang über Lady Liberty sowie der Skyline von Manhattan und Jersey City. Auch die bekannten Fähren nach Staten Island erstrahlen im Sonnenlicht. Und im Anschluss können Übernachtungsgäste das kleine Eiland weitgehend ungestört genießen, auch wenn mittlerweile die ersten Tagesgäste schon um 7 Uhr übersetzen können. Gleichwohl gilt Governors Island weiterhin als ruhige Oase. Und seit 2018 können Urlauber hier auch übernachten! Glamping – also luxuriöses Campen in feststehenden Zelten mit komfortablen Betten – macht's möglich.

Die kleine Insel zwischen der Südspitze Manhattans und Brooklyn ist mit der Fähre in nur wenigen Minuten erreichbar und erst seit 2003 öffentlich zugänglich. Davor wurde das 70 Hektar große Areal zwischen 1776 und 1997 von der US-Armee und der Küstenwache genutzt. Heute gilt die Insel als National Monument und wird vom National Park Service verwaltet. Bei Besuchern wie Einheimischen, die sowohl Entspannung als auch einen schönen Ausblick erleben möchten, ist Governors Island ein beliebtes Ausflugsziel. Zwei große Befestigungsanlagen bestimmen bis heute das Bild der Insel. Für das perfekte Freizeitvergnügen stehen Food Trucks und Restaurants bereit, außerdem können Fahrräder gemietet werden. Auch Führungen und kostenlose Kajaktouren werden angeboten.

Komfortable Zelte mit Skyline-Blick

SÜDLICHES MANHATTAN

Relaxen in der Großstadt

Wer auf Governors Island übernachten möchte, kann unter drei verschiedenen Optionen wählen: Vergleichsweise günstig sind die sogenannten Journey+ Tents, die allerdings kein eigenes Badezimmer haben, wobei die Gemeinschaftseinrichtungen wie auch die Zelte selbst sehr komfortabel sind. Die teureren Summit Tents hingegen verfügen über eine eigene Toilette und Dusche sowie eine möblierte Terrasse. Alternativ stehen mit dem sogenannten Outlook Shelter auch feste Unterkünfte zur Auswahl. Restaurant und Bar runden das Angebot ab, ebenso kostenloses WLAN. Yoga-Kurse werden regelmäßig und kostenlos angeboten. Um den Gepäcktransport muss sich niemand sorgen: Übernachtungsgäste werden mit dem Golf Cart am Fähranleger abgeholt, falls sie nicht den kostenlosen Transfer per Wassertaxi in Anspruch nehmen.

Und wie sieht nun ein perfekter Tag auf Governors Island aus? Ein Aufenthalt bietet sich vor allem am Ende eines Städtetrips an, um nach aufregendem Sightseeing noch entspannte Stunden zu genießen und Panoramafotos zu schießen. Die Fähren fahren regelmäßig mehrfach am Tag ab Manhattan und ab Brooklyn. Wer

SÜDLICHES MANHATTAN

Luxuriöse Ausstattung zum komfortablen Übernachten

Ein gutes Dinner rundet das Glamping-Erlebnis ab.

mittags anreist, kann sein Zelt gemütlich einrichten und auf der großen Wiese im Sonnenstuhl relaxen. Denn sobald die Insel abends für die allgemeine Öffentlichkeit geschlossen wird, darf auch das Retreat nicht mehr verlassen werden. Ausnahme: Mittlerweile werden abends geführte Spaziergänge zum höchsten Punkt der Insel angeboten. Zum Dinner bietet sich ein Besuch im angeschlossenen Restaurant samt großer Terrasse an – immer wieder unterbrochen von einem Blick (und Foto) auf die Freiheitsstatue und die Skyline.

Am nächsten Morgen lohnt sich das Stellen eines Weckers: Der Sonnenaufgang – zuweilen schon weit vor sechs Uhr morgens – ist schlicht umwerfend. Danach lockt das inkludierte Frühstück im oder vor dem Zelt. Gut gestärkt sollten die Kurzzeit-Insulaner anschließend die Chance nutzen, das Idyll zu erkunden. Nach dem Mittagessen wäre es dann ein guter Zeitpunkt, mit der Fähre gen Festland überzusetzen sowie den Heimweg nach Deutschland anzutreten oder den USA-Trip fortzusetzen. Selbstverständlich lohnen auch zwei Glamping-Nächte auf Governors Island!

Stimmungsvolle Stunden auf Governors Island

INFO

Lage: Die Insel liegt zwischen Manhattan und Brooklyn.

Anfahrt: Fähren (vorherige Reservierung empfohlen) legen am Battery Maritime Building (neben dem Staten Island Ferry Whitehall Terminal) ab, täglich zwischen 7 und 16:15 Uhr sowie zusätzlich ab Pier 6 im Brooklyn Bridge Park. Gäste des Retreat können alternativ einen kostenlosen Shuttle per Wassertaxi ab Pier 25 in TriBeCa nutzen.

Öffnungszeiten: Governors Island ist neuerdings ganzjährig jeden Tag zwischen 7 und 18 Uhr öffentlich zugänglich, im Hochsommer an ausgesuchten Tagen unter Umständen auch länger.

Eintritt: Das Fährticket kostet 3 USD pro Erwachsener, Kinder unter 12 Jahren kostenlos.

Aktivitäten: Spaziergänge und Picknicks sind die beliebtesten Freizeitbeschäftigungen. Zu den weiteren Angeboten zählen beispielsweise ein Fahrradverleih (ab 20 USD für zwei Stunden) sowie geführte Besichtigungen und Rundgänge. Außerdem wird ein Kunst- und Kulturprogramm organisiert. Im Winter wiederum locken beispielsweise eine Eislauffläche (Eintritt 11 USD pro Person, freitags kostenlos, Schlittschuhe: 8 USD pro Paar) und ein Schlittenverleih.

Unterkunft: Übernachtungen ab 389 USD (pro Wohneinheit); nur zwischen Mai und Mitte November geöffnet

Websites:
- *collectiveretreats.com/retreat/collective-governors-island*
- *govisland.com*

2. NEW YORK UNIVERSITY: UNI-ATMOSPHÄRE SCHNUPPERN

Rund um den Washington Square wirkt Manhattan noch jünger, dynamischer, liberaler, zuweilen auch radikaler, als sonst: Kein Wunder, gruppieren sich doch rund um den markanten Steinbogen Washington Square Arch samt der Wasserfontäne in der Mitte des Platzes die Institute und Lehrstühle der New York University (NYU). Für die Studenten der Kaderschmiede ist „Perstare et Praestare" (zu Deutsch: „Sei beharrlich und überragend!") das Gebot auf ihrem Weg zum erfolgreichen Universitäts-Abschluss.

Es lohnt sich, einige Stunden in die akademische Welt einer der bekanntesten amerikanischen Unis einzutauchen. Touristen erleben hier das Gefühl, wie es in College-Filmen suggeriert wird: Studenten, die nicht nur hart arbeiten, sondern auch mit

Washington Square Arch

Coffee-to-go-Becher sowie Bagel in der einen und einem Lacrosse-Schläger in der anderen Hand über den Campus schlendern – stolz mit dem Logo der Universität gebrandeten T-Shirt oder Pullover.

Die Universität befindet sich mitten im Szene-Viertel Greenwich Village, vom Ableger in Brooklyn abgesehen. In den umliegenden Straßen locken kleine Buchläden mit Seele (keine Ketten!) zum Stöbern, ebenso hippe Studenten-Cafés, Food Trucks, Delis, kleine Restaurants. Tipp: Wer den Studenten im Café einen Kaffee ausgibt, plaudert im Nu mit ihnen über das Uni-Leben. Die NYU ist die größte private Universität der USA mit mehr als 50.000 Studenten. Anders als beispielsweise die Eliteunis Harvard (in Cambridge bei Boston, Massachusetts) oder Stanford nahe San Francisco in Kalifornien ist sie jedoch keine klassische Campus-Universität. Die Fakultäten verteilen sich in Gebäuden rund um den Washington Square, von

Kaderschmiede

der sehr bekannten wirtschaftswissenschaftlichen Fakultät „Stern School of Business" bis hin zu Fakultäten für „Künste und Wissenschaften" oder auch „Sozialarbeit".

Wer einmal den pulsierenden Zeitgeist einer US-Universität erleben möchte, schließt sich am besten einer Besichtigungstour an: Aktive Studenten begleiten kleine Gruppen mit maximal drei Teilnehmern zwei Stunden über die Anlage, während sie vom akademischen Alltag an der Universität und dem Studentenleben rund um den Washington Square berichten. Wer lieber individuell unterwegs ist, kann einer Self-Guided Tour folgen. Aber es wird noch mehr offeriert: Besonders eindrücklich, um den Betrieb an einer amerikanischen Uni kennenzulernen, ist die Teilnahme an einer Vorlesung. So können sich Besucher für einen Moment wie einer der Elite-Studenten fühlen, ohne gleich die horrenden Gebühren zu bezahlen und ohne die aufwendigen Aufnahmebedingungen zu erfüllen. Gut zu wissen: An der NYU werden – im Vergleich zu deutschen Universitäten – teilweise sehr ungewöhnliche Themen in Vorlesungen besprochen. Themen wie „Vampire: Studien zu den Untoten" im Fach „Cinema Studies" oder „Glück der Tiere" im Fach „Animal Studies" sind hier selbstverständlicher Teil des Curriculums. Daher lohnt es sich, bei der Buchung für die Teilnahme an

Entspannung vom Uni-Alltag

einer Vorlesung gleich um ein ungewöhnliches Thema zu bitten. Und um sich vorab einzustimmen: Viele College-Filme wurden an der NYU gedreht – beispielsweise die romantische Komödie „Jaane Tu ... Ya Jaane Na" („Du liebst mich, du liebst mich nicht"), in welcher der indische Hauptcharakter in die USA zieht, um an der NYU „Film" zu studieren. Auch der Liebesfilm „Maggies Plan" spielt weitestgehend rund um die Universität am Washington Square. Die renommierte Universität ist zudem gut für ein ausgefallenes Souvenir: Selbst für den, der nicht – wie der stolze Student – von Kopf bis

Fuß NYU-gebrandet gekleidet sein möchte, ist der NYU Bookstore dennoch ein idealer Anlaufpunkt für Geschenkartikel, Accessoires und Kleidung mit dem weltberühmten Logo.

Auch einen Besuch wert ist das Deutsche Haus at NYU, das führende Institut in New York für deutsche Sprache und Kultur. Das Deutsche Haus bietet ein umfangreiches Angebot an Sprach- und Kulturveranstaltungen wie Lesungen, Konzerte und Diskussionsrunden. Die Veranstaltungen fokussieren sich vor allem, aber nicht nur, auf deutsche Themen und deutsche Künstler. Ein Kleinod für einen Abend deutscher Kunst aus amerikanischer Perspektive.

> **INFO**
>
> **Lage:** Die meisten Gebäude der New York University verteilen sich rund um den Washington Square im Stadtteil Greenwich Village.
>
> **Anfahrt:** Mit den Subway-Linien N oder W bis zur Station 8 Street-New York University, dann auf dem Broadway nach Süden bis Waverly Place gehen und schließlich nach Westen bis zum Washington Square. Oder mit den Linien A, C, E bzw. B, D, F, M bis zur Station West 4 Street-Washington Square und dann zu Fuß einen Block gen Osten.
>
> **Öffnungszeiten:** Der NYU Bookstore ist montags bis freitags von 9 bis 18 Uhr geöffnet, samstags von 10 bis 17 Uhr; *bkstr.com/nyustore/home*
>
> **Aktivitäten:** Führungen werden montags bis freitags mehrmals täglich angeboten und müssen vorab gebucht werden; *connect.nyu.edu/portal/nyuvisit_tours*. Für individuelle Besuche bietet sich eine ausgewiesene Walking Tour an; *nyu.edu/admissions/undergraduate-admissions/visit-nyu/nyu-self-guided-tour.html*. Wer eine Vorlesung besuchen möchte, muss sich telefonisch anmelden, Tel. +1 212 998 4550). Das Deutsches Haus at NYU organisiert seit 1977 Veranstaltungen und Ausstellungen zu deutschsprachiger Kultur; *as.nyu.edu/deutscheshaus.html*.
>
> **Website:** *nyu.edu*

3. THE MORGAN LIBRARY & MUSEUM: BESUCH IN DER MILLIARDÄRS-BÜCHEREI

Besucher fühlen sich schlagartig in eine andere Zeit und an einen anderen Ort versetzt. Der Hauptsaal der Morgan Library erstrahlt im Stil italienischer Renaissance – mit seinen unzähligen farbenfrohen Wandmalereien und seinem ruhigen Ambiente genau der richtige Rahmen für Hunderte, wenn nicht gar Tausende Buchraritäten, die sich über die Etagen und etliche Regalböden in die Höhe stapeln. Und so scheint es, als wäre man eher in Florenz als in New York. Die Morgan Library & Museum ist ein echtes Kleinod. Der Gebäudekomplex an der Madison Avenue nahe des Grand Central Terminal braucht den Vergleich zu den großen und bekannten Häusern wie dem Solomon R. Guggenheim Museum oder dem Metropolitan Museum of Art nicht zu scheuen.

Prachtvolle Bibliothek samt originaler Gutenberg-Bibel

Die J. Pierpont Morgan's Library als Dauerausstellung ist das Highlight inmitten des kleinen Museums. Es umfasst die private Buchsammlung von John Pierpont Morgan (1837 bis 1913), besser bekannt als J. P. Morgan. Der legendäre Unternehmer und Banker schuf ab den 1890er-Jahren eine einzigartige Sammlung an Büchern und Schriften sowie Handzeichnungen und Einbänden. Zu den herausragenden Exponaten zählen gleich drei Exemplare der von Johannes Gutenberg gedruckten Bibel aus dem Jahr 1455. Auch wenn die Auswahl der ausgestellten Bücher variiert, ist doch zumindest ein Exemplar von Gutenbergs Druckkunst stets vorzufinden. Überdies erwarb der seinerzeit wichtigste Privatbankier 1912 eine bedeutende Sammlung ägyptischer, koptischer und griechischer Papyri.

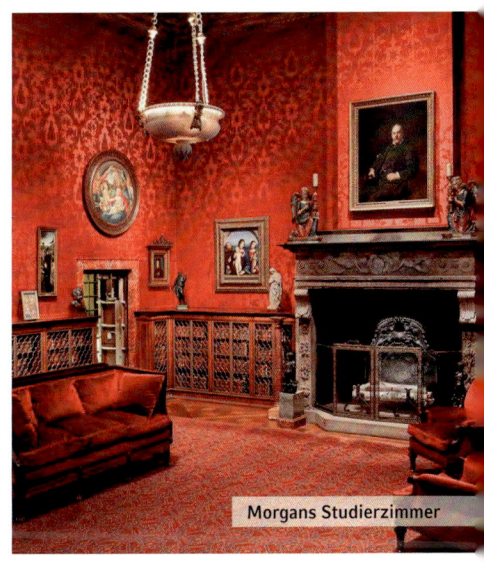
Morgans Studierzimmer

Die Gutenberg-Bibel ist nur eines von zahlreichen teuren und seltenen Exponaten aus der Zeit der Renaissance bis hin zur Zeitgeschichte, die den Besuchern im sogenannten East Room – der originalen Bibliothek – erwarten. Aber nicht nur die Bücher in den überaus hohen, mahagonibraun glänzenden Regalen lassen einen staunen. Auch die prachtvolle Ausstattung mit niederländischen Tapeten aus dem 16. Jahrhundert sowie Porträts von literarischen oder historischen Persönlichkeiten wie Michelangelo tragen zur einmaligen Atmosphäre des Raums bei. Ebenfalls einen ganz besonderen Eindruck hinterlässt der West Room: Hier verbrachte Morgan während seiner letzten Lebensjahre viel Zeit mit privaten Studien. Auch die sogenannte Rotunde, die zu früheren Zeiten als Eingang zur Bibliothek diente, ist beeindruckend – schon allein durch das mächtige bronzene Tor. Der Raum umfasst Morgans Sammlung bedeutender Schriften aus der amerikanischen Literatur- und Zeitgeschichte. Beispielsweise erwarb der Milliardär Briefe von George Washington und Abraham Lincoln sowie Werke von Edgar Allen Poe.

Neben dieser Dauerausstellung, die allein schon einen Besuch lohnt, werden regelmäßig wechselnde Sonderschauen zu unterschiedlichsten Themen gezeigt. Nicht zuletzt um die Ausstellungsfläche zu vergrößern, ist der historische Gebäudekomplex um einen vierstöckigen Anbau, entworfen vom bekannten italienischen Architekten Renzo Piano, ergänzt worden. Die Wiedereröffnung fand 2006 statt. Das ursprüngliche Gebäude, das an die Villa

In der Rotunde sind bedeutende Schriften ausgestellt.

Medici in Rom erinnern soll, wurde 1906 eingeweiht. Das seinerzeit angrenzende Privathaus Morgans ist 1928 abgerissen und durch eine Ausstellungshalle mit Lesesaal ersetzt worden. 1966 wurde das Hauptgebäude zum National Historic Landmark erklärt und steht unter Denkmalschutz.

Wie viele Museen verfügt die Morgan Library & Museum, auch bekannt als Pierpont Morgan Library, Morgan Library oder The Morgan, über ein Café, das im zentralen, luftig verglasten Atrium mit einem ganz eigenen Ambiente überzeugt. Doch die Alternative ist noch prächtiger: Der gediegene Dining Room der Familie Morgan – gelegen in einem restaurierten Brownstone House aus dem 19. Jahrhundert – ist heute als Restaurant zum Lunch bzw. Brunch öffentlich zugänglich.

> **INFO**
>
> **Lage:** 225 Madison Avenue/East 36th Street, New York, NY 10016; in Midtown Manhattan
>
> **Anfahrt:** Vom Grand Central Terminal sind es knapp zehn Minuten zu Fuß. Wer aus Süden bzw. Downtown kommt, kann auch an der Station 33 Street der Subway-Linien 4, 5 und 6 aussteigen und läuft dann circa fünf Minuten. Die Penn Station liegt eine Viertelstunde entfernt.
>
> **Öffnungszeiten:** Mittwochs bis sonntags von 10:30 bis 17 Uhr
>
> **Kosten:** Erwachsene zahlen 22 USD Eintritt, Senioren über 65 Jahre 14 USD, Kinder bis 12 Jahren genießen kostenlosen Eintritt. Jeden Freitag zwischen 14 und 17 Uhr ist der Besuch generell kostenfrei (nur nach vorheriger Online-Anmeldung).
>
> **Aktivitäten:** Zum Museum gehören das Morgan Café und der exquisite Morgan Dining Room, sie können auch ohne Museumsbesuch besucht werden (nur an Tagen, an denen das Museum geöffnet ist).
>
> **Website:** *themorgan.org*

4. Ruhige Oasen in Manhattan: Broadway Boulevard, Parks und Wasserfälle

Auf einer der verkehrsreichsten Straßen New Yorks, auf dem diagonal durch Manhattan verlaufenden Broadway, erwartet den müden Spaziergänger eine wohltuende Überraschung: Immer wieder sind zwei der vier Spuren des Broadways für Autos gesperrt. Statt hupender Autos, zur Seite hechtender Fußgänger und quietschender Reifen findet sich auf diesen Abschnitten der weltberühmten Straße eine Promenade mit kunterbunten Stühlen. Hier verbringen New Yorker mit ihrem Lunch in die Sonne blinzelnd die Mittagspause, während Touristen bei einem Coffee-to-go Kraft für neue Abenteuer tanken. Allen Menschen gemeinsam ist, dass sie sich für einen Moment vom New Yorker Trubel erholen – selbst am Times Square, wo der Broadway den betriebsamen Platz kreuzt, findet sich solch ein Plätzchen zum Durchatmen.

Gemütliche Sitzgelegenheiten direkt am Broadway

Mit dem sogenannten Broadway Boulevard wollte die Stadtverwaltung im Jahr 2009 das urbane Manhattan aufwerten und den öffentlichen Raum lebenswerter gestalten. Als erstes wurde eine Esplanade in Midtown, zwischen West 42nd Street und West 43rd Street, gestaltet. Das Konzept nennt sich Public Plaza: Neben kunterbunten Stühlen und Bistrotischen in knalligen Farben tragen Bänke, Sonnenschirme und bepflanzte Blumenkübel zum erholsamen Gesamteindruck bei. In den Folgejahren wurden weitere Abschnitte des Broadways zum Broadway Boulevard umgestaltet, sodass es nun insgesamt drei Oasen der Ruhe gibt: am

Times Square, am Herald Square und auf der Flatiron Public Plaza am Madison Square Park. Zudem wurden teils auch Fahrradwege und breitere Bürgersteige zwischen dem Union Square im Süden Manhattans bis hoch zur 59th Street am Columbus Circle angelegt.

Das beruhigende Rauschen eines Wasserfalls genießen gestresste Großstädter und erholungsuchende Reisende im Greenacre Park in Midtown Manhattan an der East 51st Street, zwischen der 2nd und 3rd Avenue. Hier lässt es sich vortrefflich einen Moment von der Millionenmetropole abschalten. Bunte Beete und Schatten spendende Bäume umsäumen den Wasserfall und verstärken den Eindruck der ruhigen Oase. Wer es versäumt hat, vorher unterwegs einen Snack mitzunehmen, kann bei Carol's Café unter einer großen Auswahl von Milchshake bis Burger wählen.

Ein weiterer netter Rückzugsort findet sich ebenfalls in Midtown Manhattan nur eine Minute von der 5th Avenue entfernt, versteckt zwischen Bürogebäuden: der Paley Park. Auch hier ist ein Wasserfall – sechs Meter hoch – der besondere Anziehungspunkt. Sein Sprühnebel sorgt an heißen, zuweilen schwülen Sommertagen für willkommene Abkühlung. Ein kleines Café findet sich ebenfalls in dem gerade einmal 400 Quadratmeter großen Park.

Paley Park mit beruhigendem Rauschen des Wasserfalls

Inmitten des Greenwich Village fühlt es sich ohnehin wie in einer Kleinstadt an: niedrige Häuser, begrünte Gärten, kleine Restaurants mit Tischen und Stühlen auf dem Gehweg. Im Christopher Park an der Christopher Street, Namensgeberin für den Christopher-Street-Day, geht es noch eine Spur entspannter zu: Hier strahlen nämlich manche der menschlichen Gestalten sehr große Ruhe aus, sind sie doch keine gehetzten New Yorker, sondern bronzene Skulpturen des Künstlers George Segal, die homosexuelle Paare zeigen. Im Schatten der Bäume zwischen den Skulpturen lässt es sich herrlich entspannen. Das Gay Liberation Monument erinnert an die Stonewall Riots in den 1960er-Jahren: Zusammenstöße zwischen Mitgliedern der LGBT Community und der Polizei im Rahmen der Kämpfe ihrer Mitglieder für mehr Rechte.

Christopher Park

Die New Yorker haben die Public Plazas schnell für sich entdeckt. So sind mittlerweile zahlreiche Oasen der Ruhe entstanden – unter anderem an der Gansevoort Plaza und rund um das One World Trade Center. Auch in Brooklyn und der Bronx finden sich derartige Erholungszonen.

SÜDLICHES MANHATTAN

Raum für Erholung am Herald Square

INFO

Broadway: Verkehrsberuhigte Abschnitte mit Bistrostühlen finden sich rund um den Herald Square, zwischen dem weltbekannten Flatiron Building und dem Madison Square Park sowie am Times Square (zwischen 42nd und 43nd Street).

Greenacre Park: Wasserfall in Midtown, an der 51st Street zwischen 2nd und 3rd Avenue gelegen, täglich geöffnet von 8 bis 18 Uhr, im Winter geschlossen; 217 East 51st Street, New York, NY 10022, *greenacrepark.org*

Paley Park: Kleinod in Midtown, eine Minute von der 5th Avenue entfernt; Subway: 5 Avenue-53 St Station der Linien E und M; 3 East 53rd Street, New York, NY 1002, *de.nycgo.com/venues/paley-park*

Christopher Park: Ruhige Oase in geschichtsträchtiger Umgebung; Subway: Christopher St Station der Linien 1 und 2; 38-64 Christopher Street, New York, NY 10014, *nycgovparks.org/parks/christopher-park*

5. United Nations Plaza: Besuch bei den Vereinten Nationen

Das quaderförmige Gebäude am Ufer des East River ist weltweit bekannt und regelmäßig in der „Tagesschau" oder in den „heute"-Nachrichten zu sehen: Hier haben die Vereinten Nationen (UN), ein Zusammenschluss aus 193 Staaten, ihren ständigen Hauptsitz. Ein Besuch des beeindruckenden Komplexes an der United Nations Plaza weckt das Interesse an Zeitgeschichte und verhilft zu einem besseren Verständnis der Ziele der Organisation: Sicherung des Weltfriedens sowie Einhaltung der Völker- und Menschenrechte.

Schon von Weitem ist das Hauptquartier zu sehen: Vor dem Gebäude an der 1st Avenue wehen die Flaggen aller Mitgliedsländer – beginnend mit Afghanistan an der 48th Street bis hin zu Zimbabwe an der 42nd Street. Eine große Skulptur in Form einer Weltkugel zieht die Blicke auf sich. Erbaut im Jahr 1949 auf dem Gelände eines ehemaligen Schlachthofes, befindet sich der Komplex jedoch nicht auf dem Grund der USA, sondern gilt aufgrund seiner besonderen politischen Bedeutung als internationales Territorium. In der Lobby des Besucherzentrums – innerhalb des Hauptquartiers – sind wechselnde Ausstellungen zu aktuellen Themen der Vereinten Nationen kostenfrei zu besuchen.

Weltbekanntes Gebäude: Hauptsitz der Vereinten Nationen

Wer die Aura internationaler Politik hautnah spüren möchte, sollte eine der geführten, einstündigen Touren durch das Innere buchen. Dabei sehen Besucher den großen Saal der UN-Vollversammlung, den Saal des Sicherheitsrates und viele Kunstwerke aus allen Mitgliedsländern – wahrlich beeindruckend. Zugleich liefern die Guides viele politische Hintergrundinformationen zur Rolle der Vereinten Nationen und ihren Zielen, beispielsweise in der Sicherheitspolitik, bei Menschenrechtsfragen und in der Umweltpolitik, sowie zu den Aufgaben der als „Blauhelme" bekannten UN-Soldaten. Neben der regulären Tour werden auch spezielle Führungen für Kinder im Alter zwischen fünf und zehn Jahren angeboten.

Blickfang: Fahnen aller 193 Mitgliedsländer

Gerade als Deutscher lohnt auch eine Besichtigung des Gartens, die alljährlich in den Sommermonaten möglich ist: Hier präsentiert sich dem Besucher symbolträchtig als mahnende, aber auch Hoffnung gebende Erinnerung ein originales Stück der Berliner Mauer. Das Mauerstück war im Jahr 2001 ein Geschenk der Stadt Berlin an Kofi Annan, den damaligen Generalsekretär der Vereinten Nationen.

Und nicht nur Briefmarkensammler freuen sich über ein spezielles Souvenir vom Gelände der UN: Da das Grundstück als exterritoriales Gebiet gilt, gibt die Frieden stiftende Organisation eigene Briefmarken heraus und betreibt ihr eigenes Postamt. Die Vereinten

Nationen sind die einzige nicht staatliche Organisation auf der Welt, der es erlaubt ist, Briefmarken in Umlauf zu bringen. So ist der Versand einer Postkarte mit UN-Briefmarke eine so einzigartige Erinnerung, dass sich manche Besucher vielleicht selbst eine Ansichtskarte schicken möchten. Aber Vorsicht: Post mit UN-Briefmarken kann tatsächlich auch nur in den UN-eigenen Postämtern in New York, Genf und Wien aufgegeben werden. Im ebenfalls im Besucherzentrum befindlichen United Nations Bookshop gibt es neben Büchern auch Geschenkartikel mit dem bekannten Logo. Bei den Vereinten Nationen lässt es sich übrigens zudem hervorragend lunchen: Der United Nations' Delegates Dining Room mit wunderbarem Blick auf den East River, Long Island City (siehe Seite 150) und Roosevelt Island (siehe Seite 78) gilt selbst unter New Yorkern als Geheimtipp!

Briefmarke der Vereinten Nationen

Ebenfalls einen Besuch wert ist ein Konzert der United Nations Singers, dem Chor der Vereinten Nationen. Er hat eine über 70-jährige Geschichte, die Sänger sind aktuelle oder frühere Mitarbeiter der Vereinten Nationen aus aller Herren Länder. Dies heben sie hervor, indem sie zumeist in für ihre Nation und Kultur typischer Kleidung auftreten. Sie tragen mit der Musik – das Repertoire reicht von Volksmusik in Originalsprache über Klassik bis hin zu modernen Songs – ihre Botschaft und ihre Vision einer Welt, in der alle Menschen in Frieden vereint sind, nach außen. Die UN Singers gelten mit ihrer Botschaft für Frieden, Toleranz und Wertschätzung verschiedenster Kulturen als inoffizielle Repräsentanten der Organisation. Tipp: In den Tagen vor Weihnachten singt der Chor gelegentlich in der Lobby des UN-Hauptquartiers internationale Weihnachtslieder.

INFO

Lage: United Nations Plaza, 46th Street/1st Avenue, New York, NY 10017; am East River

Anfahrt: Mit der Subway (Linien 4, 5, 6 und 7) bis Grand Central Terminal, dann zu Fuß (zehn Minuten) die 42nd Street in Richtung East River bis zur 1st Avenue entlang gehen.

Öffnungszeiten:
- Das Besucherzentrum mit seinen sehenswerten Ausstellungen ist werktags (einzelne Feiertage ausgenommen) zwischen 9 und 16:45 Uhr geöffnet, sofern nicht gerade bedeutsame Veranstaltungen stattfinden; *un.org/visit*
- Die geführten, kostenpflichtigen Touren werden ebenfalls nur Montag bis Freitag angeboten; *un.org/en/visit/tour*
- Wichtig: Vor dem Betreten des Geländes ist eine Registrierung mit Reisepass oder Personalausweis auf der dem Hauptquartier gegenüberliegenden Straßenseite erforderlich (mindestens 60 Minuten vor Beginn einer Tour). Im Inneren erfolgt noch eine Sicherheitskontrolle.
- Der United Nations Bookshop ist täglich von 9 bis 18 Uhr geöffnet (Samstag und Sonntag erst ab 10 Uhr); *shop.un.org/about-0#visit_the_bookshop*
- Das Postamt (United Nations Postal Administration) verkauft Montag bis Freitag von 9 bis 17 Uhr die UN-eigenen Briefmarken; *unstamps.org*

Kosten: Die einstündigen Führungen kosten für Erwachsene 22 USD, für Studenten bzw. Senioren jeweils 15 USD, für Kinder (5 bis 12 Jahre) 12 USD. Das mittägliche Drei-Gänge-Menü im United Nations' Delegates Dining Room wird für 49,99 USD pro Person serviert; *delegatesdiningroom-un.com/restaurant*

Aktivitäten: Das Postamt hält neben Briefmarken weitere Andenken bereit; *unstamps.org*. Auch der Bookshop glänzt mit großer Auswahl; *shop.un.org/about-0#visit_the_bookshop*. Auftrittstermine des Chors UN Singers kann man der Website *unsingers.org* entnehmen.

Website: *un.org/visit*

6. Hotel-Hopping: auf einen Espresso oder Drink in legendären Hotels

Big Apple ist natürlich für seine eindrucksvollen Hotels bekannt. Und egal ob Klassiker wie das The Plaza an der 5th Avenue gegenüber vom Central Park oder das moderne Mandarin Oriental am Columbus Circle: New-York-Besucher werden überall für einen Cocktail oder ein Abendessen willkommen geheißen, auch wenn sie nicht im jeweiligen Hotel übernachten. Hotel-Hopping beim Sightseeing ist wohl nirgendwo so einfach wie in New York (von den Casino-Hotels in Las Vegas abgesehen). Gut zu wissen: In jeder Location findet sich zumindest ein Getränk oder kleiner Snack zu halbwegs akzeptablen Preisen. Und zumindest das Plaza ist durchaus dafür bekannt, Reisende je nach Uhr- und Jahreszeit kostenlos (also ohne Bestellung) einen Blick in die Bar oder den Wintergarten werfen zu lassen.

Der Tag könnte schöner kaum beginnen: Der Blick fällt auf den von der Sonne erstrahlten Central Park, den Broadway und die rund 20 Meter hohe Granitstatue von Christoph Kolumbus, der im Jahr 1492 Amerika entdeckte. Sie steht am nach ihm benannten Columbus Circle, einem der schönsten Plätze der Millionenmetropole. Diese Aussicht genießt, wer zum Frühstück in die MO Lounge des Mandarin Oriental einkehrt.

Legendär: Hotel The Plaza

Trotz des Luxus und der hohen Zimmerpreise ab 885 Dollar pro Nacht braucht hier niemand Scheu zu zeigen. Einfach kurz am Empfang Bescheid geben, schon steht man im Fahrstuhl nach oben. Besonders eindrucksvoll ist das Ambiente am Morgen, wenn der Tag erwacht. Die Aussicht und die gediegene

Atmosphäre sorgen für einen guten Start. Zudem lässt die Frühstückskarte keine Wünsche offen, die Auswahl ist groß. Aber natürlich sind die Preise nicht mit den Angeboten anderer Restaurants oder gar Fast-Food-Ketten vergleichbar: So kostet beispielsweise das Continental Breakfast pro Person 32 Dollar und das American Breakfast 42 Dollar (jeweils inklusive Getränke), während für das Champagne Breakfast inklusive einer Portion russischen Störs immerhin 178 Dollar fällig werden. Das gefällige Ambiente der MO Lounge lässt sich alternativ auch zum Lunch oder Abendessen genießen.

MO Lounge des Mandarin Oriental: mit Blick auf den Central Park

Im Gegensatz zum modernen Mandarin Oriental überzeugt das Hotel The Plaza am anderen Ende des Central Park mit klassischem Luxus, sodass man sich schnell an die Zeit der Eröffnung des Hotels im Jahr 1907 erinnert fühlt, ebenso wie an den Film „Kevin – Allein in New York", der hier in Teilen gedreht wurde. Die Champagne Bar im Erdgeschoss ist den ganzen Tag über ein Ort des Sehens und Gesehenwerdens, auch wenn mittlerweile Teile des weltberühmten Hotels in Eigentumswohnungen umgewandelt wurden.

Palm Court im Hotel The Plaza

Beliebter Treffpunkt für New Yorker wie auch Reisende: Champagne Bar im The Plaza

Die Bar bietet sich mit dem ruhigen, gediegenen Ambiente ideal für eine Pause vom Sightseeing oder Shopping an. Selbst wer nur kurz vorbeischaut und einen Kaffee oder Tee genießen möchte, wird hier genauso zuvorkommend bedient wie ein Hotelgast. An sich bietet sich die Champagne Bar in erster Linie für einen abendlichen Cocktail (beispielsweise mit einem Bellini für 28 Dollar) oder ein Glas Schaumwein an – die Preisspanne reicht dabei von 29 bis 49 Dollar (pro Glas versteht sich). Dazu hält die Bar eine kleine Snack-Karte bereit. Passend zur glamourösen Umgebung locken beispielsweise ein Lachs-Bagel für 32 USD oder ein Sandwich für 27 USD. Zudem stehen auch Salate und Desserts auf der Karte. Berühmt – gerade auch unter New Yorkern – ist die Bar des Plaza zudem für seinen Kaviar: ab 205 USD pro Portion (20 Gramm).

Auch der berühmte britische Afternoon Tea samt Sandwiches, Scones und Süßem lässt sich in einer New Yorker Edelherberge zelebrieren. Bekannt ist dafür ebenfalls das Plaza – im berühmten Wintergarten namens Palm Court, wo das preiswerteste Angebot bei 99 Dollar pro Person liegt. Kenner schwärmen indes vom Ambiente des nahe gelegenen Luxushotels The Pierre, wo der Afternoon Tea schon ab 74 Dollar pro Person angeboten wird. Im The Peninsula, einem weiteren legendären Hotel an der 5th Avenue, wird die Tea Time ebenfalls serviert. Bekannt ist dieses Hotel überdies für seine Rooftop-Bar Salon de Ning.

Afternoon Tea im Hotel The Pierre

INFO

Mandarin Oriental: Vom Restaurant Asiate im 35. Stock eröffnet sich ein schöner Blick auf den Columbus Circle und den Central Park. Subway: Columbus Circle (Linien A, B, C, D und 1); 80 Columbus Circle, New York, NY 10023, *mandarinoriental.com/new-york/fine-dining/restaurants/mo-lounge*

The Plaza: Legendäres und weltbekanntes Hotel am Central Park. Subway: 5 Avenue-59 Street (Linien N, R und W); 768 5th Avenue, New York, NY 10019, *fairmont.com/the-plaza-new-york*

The Pierre: Luxus-Hotel an der 5th Avenue. Subway: 5 Avenue-59 Street (Linien N, R und W); 2 East 61st Street-5th Avenue, New York, NY 10065, *thepierreny.com/dining*

The Peninsula: Zweiter Hotel-Klassiker neben dem Plaza Hotel, eine der schönsten Dachterrassen. Subway: 5 Avenue-53 Street (Linien E und M); 700 5th Avenue, New York, NY 10019, *peninsula.com/en/new-york/hotel-fine-dining*

7. Sportlicher Ausflug: geführte Kajaktour auf dem Hudson River

Mal sanft, mal kräftig schaukeln die Wellen das kleine Boot hin und her, während die Wolkenkratzer aus der Position knapp oberhalb der Wasseroberfläche noch imposanter wirken als sonst: Bei einer Kajaktour auf dem Hudson River erleben Besucher die Metropole aus neuer Perspektive – und sportlich obendrein.

Die Touren von Manhattan Kayak + SUP starten am Pier 84, direkt neben dem weithin bekannten Intrepid Sea, Air & Space Museum. Nach kurzer Einweisung durch einen Guide dürfen die Teilnehmer der kleinen Gruppe, angemeldet für die sogenannte Einsteigertour, zeigen, wie sportlich sie wirklich sind. Das Paddeln an sich fällt leicht, allerdings geht es zunächst flussaufwärts. Und gegen die Strömung ist schon etwas Kraft gefordert, um wirklich vorwärts zu kommen. Doch die Mühe zahlt sich aus: Der Blick fällt auf die George

Mit dem Kajak ...

... den Hudson River erkunden

Washington Bridge (siehe Seite 106), die einige Kilometer flussaufwärts New York mit New Jersey verbindet. Direkt rechter Hand glitzert der Kinokomplex The Landmark, umgeben von zahlreichen mehr oder minder hohen Häusern, davor immer wieder große Grünflächen am Ufer des Hudson River.

Nach rund 30 Minuten ist Zeit zum Durchatmen und Fotografieren. Halbzeit! Danach geht es wieder stromabwärts – nun liegt die

Paddeln in den Sonnenuntergang

bekannte Skyline vor den Augen der Kajakfahrer: Das Panorama erstreckt sich vom Empire State Building bis zum One World Trade Center. Der Blick aus dieser Perspektive ist unvergesslich, selbst an Schlechtwettertagen, wenn die Wolken tief und grau über der Stadt hängen. Und direkt vor einem ragt der neue Gebäudekomplex Hudson Yards – bekannt für die Attraktion The Vessel und die 2020 neu eröffnete Aussichtsplattform The Edge – gen Himmel. Zwischendurch passieren teils mächtige Schiffe den Fluss und rufen den Paddlern in Erinnerung, dass sie nur kleine Mitspieler hier auf dem Hudson River sind. Die Guides sind aber stets wachsam, mit Funkgerät ausgestattet und scheuchen die Kajakfahrer rechtzeitig gen schützendes Ufer. Nach gut einer Stunde erreicht die kleine Gruppe wieder das Bootshaus. Gerade bei der Rückkehr sticht der Flugzeugträger USS Intrepid des Intrepid Sea, Air & Space Museums besonders ins Auge. Das 265 Meter lange, frühere Kriegsschiff liegt direkt gegenüber dem Anleger und wirkt von hier unten nochmals gewaltiger.

Neben den einstündigen Touren (zuweilen auch abends) werden überdies längere Ausflüge angeboten, beispielsweise dreistündige Fahrten zu einem Strand oder zur George Washington Bridge, sowie fünfstündige Touren zur Freiheitsstatue. Wer besonders erfahren und fit ist, kann mit dem Kajak in sieben bis neun Stunden Manhattan komplett umrunden. Auch Stand-up-Paddling wird angeboten, ebenso können Kajaks für individuelle Touren gemietet werden.

Neben Manhattan Kayak + SUP gibt es zahlreiche weitere Anbieter. Kostenlose Kajakfahrten auf dem East River und in der Bucht von Red Hook ermöglichen beispielsweise das Brooklyn Bridge Park Boathouse sowie Red Hook Boaters, beide ansässig in Brooklyn. Gut zu wissen: Im East River und Hudson River sind die Gezeiten des Atlantiks zu spüren. Daher kann zuweilen auch das Paddeln stromabwärts unerwartet anstrengend sein, wenn die Flut das Wasser in die Flüsse drückt.

> **INFO**
>
> **Lage:** Das Bootshaus von Manhattan Kayak + SUP (mit Umkleidekabinen und Schließfächern) liegt auf dem Pier 84, 555 12th Avenue, New York, NY 10019.
>
> **Anfahrt:** Die nächstgelegenen Subway-Stationen zum Pier 84 sind der Bahnhof 34 Street-Hudson Yards der Linie 7 sowie die Station 42 Street-Port Authority Bus Terminal (Linien A, C und E).
>
> **Kosten:**
> - Bei Manhattan Kayak + SUP kann man geführte Touren von Mai bis Mitte Oktober buchen. Die 90-minütige Einsteigertour kostet ab 65 USD. Der fünfstündige Ausflug zu Lady Liberty wird für 100 USD angeboten. Wer ein Kajak für 45 Minuten mietet, zahlt 10 USD; *manhattankayak.com*.
> - Kostenlose Kajaks für kurze Touren bieten das Brooklyn Bridge Park Boathouse, nur mittwochs, donnerstags und samstags von Juni bis August, *bbpboathouse.org*, und Red Hook Boaters, nur donnerstags und sonntags zwischen Juni und September, *redhookboaters.org*, an.
>
> **Aktivitäten:** Nach der Kajaktour bietet sich noch ein Abstecher zur Aussichtsplattform The Edge, *edgenyc.com/buy-tickets*, an, etwa 20 Minuten zu Fuß entfernt. Alternativ liegt direkt neben dem Pier 84 das Intrepid Sea, Air & Space Museum; *intrepidmuseum.org*
>
> **Website:** *manhattankayak.com*

8. Ureigene New Yorker Kunst: Street-Art

Bunte Graffitis und Street-Art auf Häusern, Garagen und Mauern in leicht verruchter Gegend, voll kreativer Energie und hipper Atmosphäre: Street-Art hat sich von der Bronx sowie von Brooklyn aus erst in New York und dann in den ganzen USA verbreitet. In den 1970er-Jahren war sie Statement und Kritik von Jugendlichen – mittlerweile sind Street-Art und Graffitis weltweit als moderne Kunstformen etabliert. Zahlreiche berühmte Künstler haben sich über Jahre in New York auf diese Weise verewigt. Street-Art ist nach heutiger Definition eine nicht-kommerzielle Form von Kunst im öffentlichen Raum und lässt sich in zahlreichen Stadtteilen entdecken – zeitweilig selbst am One World Trade Center.

Beim Spaziergang durch New York werden dem Besucher immer wieder unterschiedlichste Kunstwerke auffallen, die interessante

Blick aus dem Highline Park – ganz New York erscheint wie eine Kunstgalerie.

Gedanken, Kritik an zur Zeit der Entstehung aktuellen Themen oder einfach nur Farbe, in teils sogar dreidimensionaler Darstellung, ins Straßenbild bringen. So hat der vermutlich berühmteste Street-Art-Künstler der Welt, der britische Künstler Banksy, im Oktober 2013 jeden Tag ein neues Mural (zu deutsch: Wandgemälde) in New York kreiert. An der Upper West Side ist der „Hammer Boy" bis heute zu bewundern, da der Gebäudeeigentümer das Kunstwerk mit einer Plexiglaswand geschützt hat. Zuletzt setzte Banksy 2018 auf einer Hauswand, an deren Fassade eine Uhr hängt, ein Zeichen: Er hat eine Ratte gemalt, die im Zifferblatt wie in einem Hamsterrad zu rennen scheint.

Hammer Boy

Street-Art als Genre großer Künstler ist allerdings gar kein junges Phänomen: Es gibt heute noch an fünf Orten in New York Mauerkunst zu bewundern, die der Pop-Art-Künstler Keith Haring schon in den 1980er-Jahren schuf. Ein sehenswertes Open-Air-Exponat ist ein rund 50 Meter langes Wandbild entlang einer Mauer im Freibad Carmine Street Pool (im Stadtteil Greenwich Village), das Delfine, Meerjungfrauen und andere Kreaturen, die im Wasser leben, zeigt. Wer mit offenem Auge durch die Stadt geht, wird viel entdecken: Bei einem Besuch des One World Trade Center sind rund um den

Farbenfrohe Street-Art in den Straßen von New York

Wolkenkratzer auch einige Wandgemälde zu finden. Sehenswert ist zudem die sogenannte „Freeman Alley", eine Art öffentliche Galerie in der Rivington Street an der Lower East Side. Kunst in einem Eisenbahntunnel findet sich wiederum im sogenannten „Freedom Tunnel" der West Side Line unter dem Riverside Park. Bekannt für stets neue Murals ist überdies Brooklyns Stadtteil Bushwick, Heimat des Bushwick Collective, einem losen Verbund von mehr als 800 Künstlern aus aller Welt. Doch hier wie auch in anderen Vierteln werden immer wieder Graffitis zerstört, beispielsweise die berühmte Bronx Wall of Fame. Doch auch wenn immer wieder Street-Art dem Bagger für Neubauten oder kommerzielle Werbeflächen weichen muss, so entstehen oftmals schnell neue Kunstwerke nur ein paar Blocks weiter.

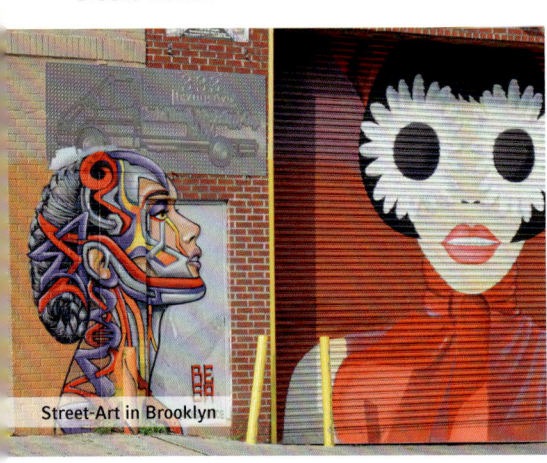

Street-Art in Brooklyn

Auch ein Stück deutsche Open-Air-Kunst lässt sich in New York bewundern: An mehreren Stellen der Stadt stehen Teile der Berliner Mauer. Bekanntlich wurden viele Abschnitte der einstigen Grenze zwischen Ost und West ebenfalls zur Leinwand von Graffiti-Künstlern. Besonders sehenswert sind zwei Mauerteile im Garten des UN-Hauptquartiers: 2001 überreichte Berlins damaliger Regierender Bürgermeister Klaus Wowereit das Geschenk der Stadt Berlin an Kofi Annan, den damaligen Generalsekretär der Vereinten Nationen. Zu sehen ist unter anderem ein Motiv mit zwei Menschen, die sich über die Mauer hinweg umarmen. Im Battery Park an der Südspitze Manhattans stehen seit 2004 zwei Segmente vom Potsdamer Platz in Berlin, überreicht von der Berliner Hochschule für Musik an das Musikkonservatorium Juilliard School anlässlich eines gemeinsamen Freundschaftskonzerts unter dem Motto „Politik baut Mauern – Musik verbindet".

Teile der Berliner Mauer im Garten der UN-Hauptverwaltung

INFO

Lage: Zahlreiche Locations, beispielsweise Banksys „Hammer Boy" in der 79th Street zwischen Broadway und Amsterdam Avenue in Manhattan; Wandgemälde diverser Künstler rund ums One World Trade Center in Downtown Manhattan.

Aktivitäten: Wer das Thema Street-Art nicht nur auf eigene Faust entdecken möchte, sondern auch mehr über die Geschichte und Bedeutung der Kunstwerke unter freiem Himmel und ihre aus aller Welt stammenden Künstler erfahren möchte, dem sei eine geführte Street-Art-Tour empfohlen. In Bushwick, einem Stadtteil Brooklyns, ist die Dichte an urbaner Kunst besonders groß. Daher lohnt sich beispielsweise die Graffiti & Street-Art Walking Tour. Die Tour findet täglich um 10:30 Uhr statt, dauert zwei Stunden und kostet 32 USD pro Person. Treffpunkt ist an der 30 Wyckoff Avenue, Brooklyn, NY 11237 (zwischen Starr Street und Troutman Street); *brooklynunpluggedtours.com/brooklyn-tour-graffiti-street-art*

9. New York: Filmkulisse par excellence

Ob Wall Street oder Central Park: Nahezu jeder weltberühmte – nicht nur amerikanische – Filmproduzent hat New York schon als Filmkulisse genutzt. Die Stadt ist voll von Gebäuden, Straßenecken und Wahrzeichen, die in Filmen sowie TV-Serien verschiedenster Jahrzehnte als Drehort gedient haben. Auch wenn die Traumfabrik Hollywood fast 3000 Meilen weit entfernt liegt, so sind es doch immer wieder Manhattan und die anderen vier Bezirke, die in vielen Filmen eine Hauptrolle spielen.

Dass jeder Cineast New York schon von der Leinwand kennt, liegt daran, dass Big Apple völlig unabhängig von einem bestimmten Filmgenre als beliebte Kulisse dient: Bei weihnachtlichen Romantik-Komödien treffen die Charaktere meist mit zahlreichen Brown Bags voller Geschenke beladen bei leichtem Schneefall im

Location für „Harry und Sally"

SÜDLICHES MANHATTAN

Central Park gehetzt aufeinander und verlieben sich im weiteren Verlauf in der festlich dekorierten Stadt. Bei Agenten-Filmen wiederum sind die Lüftungsschächte der Subway und die Tunnel, die aus der Stadt führen, oft bedeutende Drehorte. Nicht zu vergessen natürlich die „Vom Tellerwäscher zum Millionär"-Plots: Als Drehorte bieten sich hierfür die Wall Street, die Met oder das Lincoln Center an, je nachdem, ob die Hauptfigur an der Börse oder auf den Theaterbühnen der Welt aufsteigt. Legendär ist auch das Feinkostgeschäft Katz's Delicatessen an der Lower East Side: Hier spielten Meg Ryan und Billy Crystal in „Harry und Sally" in einigen der bekanntesten Szenen der gesamten Filmgeschichte.

The Plaza: Drehort für „Kevin – Allein in New York"

Doch auch außerhalb Manhattans sind Schauspieler und Filmteams aktiv: Der Flushing Meadows Corona Park (siehe Seite 158) avancierte 1997 zum Film-Spot in „Men in Black" mit Will Smith und Tommy Lee Jones.

Jeder, der durch New York spaziert, wird diese Momente erleben, in denen er Ecken der Stadt aus Lieblingsfilmen erkennt. Wer jedoch wirklicher Cineast ist, sollte tiefer eintauchen in die Welt der Filmsets. Für ihn empfiehlt sich, eine der zahlreichen Filmtouren zu buchen, die die Locations mehrerer berühmter Filme in einer Tour präsentieren. Das Angebot besteht jeweils aus einer Rundfahrt mit Fotostopps und vielen Geschichten rund ums Kino. Denn viele Spots sind im Vorbeigehen gar nicht als ehemaliger Drehort zu erkennen.

Einen guten Querschnitt als organisierten Ausflug bietet beispielsweise die NYC TV & Movie Tour, hier werden die Film-Locations sowohl von Evergreens auf der Leinwand als auch die Sets neuer

Filme präsentiert: Ein absoluter Klassiker im Programm ist die Besichtigung der Locations des aus dem Jahr 1961 stammenden und Oscar-prämierten Films „Breakfast at Tiffany's" mit Audrey Hepburn in der Rolle der Holly Golightly. Die Tour führt unter anderem zum Apartment, in dem Holly lebte, sowie zum Tiffany & Co Flagship Store auf der 5th Avenue. Andere Filme kommen ebenfalls nicht zu kurz: Szenen aus „E-Mail für Dich" mit Tom Hanks und Meg Ryan werden bei der Fahrt durch die Upper West Side lebendig, und plötzlich betrachtet man auch das Grand Central Terminal aus der Perspektive von Superman oder das Nobelhotel The Plaza am Central Park (siehe Seite 50) aus Sicht von Macaulay Culkin aus der Komödie „Kevin – Allein in New York" – alles Teil des Programms der Tour. Tipp: Wenn Teilnehmer zu Beginn der Tour dem Guide einen Hinweis zu Filmen oder Serien von besonderem persönlichen Interesse geben, wird auf diese Locations, wo möglich, zusätzlich zum regulären Programm eingegangen.

Café Lalo: Schauplatz für „E-Mail für Dich" mit Tom Hanks und Meg Ryan

Überdies stehen die Chancen in New York gut, zumindest einmal aus der Ferne einen Blick auf ein Filmset zu werfen: In der Stadt werden ständig neue Filmszenen, Werbespots oder Serienschnipsel produziert. Und so findet sich auf der einem Twitter-Kanal (*twitter.com/OLV*) eine tagesaktuelle Liste der Filme und Serien, die in New York gedreht werden. Es ist also durchaus möglich, dass in einem beliebigen Coffeeshop in der Nähe eines Filmsets Stars wie Bradley Cooper in der Schlange vor einem ihren Coffee-to-go bestellen.

Auch kulinarisch können sich Urlauber einzelnen Filmen annähern! So offeriert der Store Tiffany & Co. tatsächlich ein Frühstück. Und zwar nicht nur ein Croissant und einen Becher Kaffee aus der Hand, sondern das Frühstück, das Holly Golightly in „Breakfast at Tiffany's" seinerzeit verträumt vor den Schaufenstern des Schmuckgeschäfts an der 5th Avenue verzehrte. Im Gebäude des Juweliers vermittelt das Blue Box Cafe (Wiedereröffnung für Herbst 2022 geplant) eine kulinarische Erinnerung an den Film. Wer hingegen auf den Spuren von Michael Douglas als Gordon Gekko in „Wall Street" wandeln möchte, sollte ein Steak im Restaurant Harry's nahe der weltweiten Leitbörse genießen. Das traditionsreiche Steakhouse wurde übrigens auch in Romanen wie „American Psycho" oder Tom Wolfes „Fegefeuer der Eitelkeiten" verewigt.

> **INFO**
>
> **NYC TV & Movie Tour:** donnerstags bis sonntags um 11 Uhr, Dauer drei Stunden; 61 USD für Erwachsene und 45 USD für Kinder. Treffpunkt ist am Broadway Ecke und 51st Street; *onlocationtours.com/new-york-tv-and-movie-tours/new-york-tv-movie*. Fans von „Sex and the City" dürften sich über eine Tour speziell zur Serie freuen; *onlocationtours.com/new-york-tv-and-movie-tours/sex-and-the-city-hotspots-tour*.
>
> **Café Lalo:** Große Auswahl an Kuchen und Torten; 201 West 83rd Street, New York, NY 10024, *cafelalo.com*
>
> **The Plaza:** Hotel mit großer Tradition; 768 5th Avenue, New York, NY 10019, *fairmont.com/the-plaza-new-york*
>
> **Katz's Delicatessen:** Montag bis Freitag 8 Uhr bis 22:45 Uhr, am Wochenende bis 23 Uhr; 205 E Houston Street, New York, NY 10002, *katzsdelicatessen.com*
>
> **The Blue Box Café:** Das Café war meist schnell ausgebucht und soll nach einer Renovierung des kompletten Shops wieder eröffnet werden; Tiffany & Co., 727 5th Avenue, New York, NY 10022, *tiffany.com/blue-box-cafe*
>
> **Harry's:** Von Dienstag bis Samstag ab 11:30 Uhr bis Mitternacht geöffnet. Sonntags Brunch zwischen 12 und 15:30 Uhr; 1 Hanover Square, New York, NY 10004, *harrysnyc.com*

10. Weihnachten: mehr als nur der Tannenbaum am Rockefeller Center

Der mächtige, hell strahlende Weihnachtsbaum am Rockefeller Center ist vermutlich die bekannteste und meistfotografierte Tanne der Welt. Kein Baum symbolisiert wohl so sehr die Weihnachtszeit in den USA. Schon das Aufstellen verfolgen regelmäßig Hunderte Schaulustige. Natürlich zählen der Baum sowie die Eislauffläche am Rockefeller Center zu den beliebtesten Attraktionen im Big Apple in der sogenannten Festive Season, ebenso wie die abendliche Holiday Light Show an der Fassade des gegenüberliegenden Kaufhauses Saks Fifth Avenue. Doch wer entspannt jenseits der Menschenmassen Weihnachten in der Millionenmetropole erleben möchte, steuert andere Plätze an.

Fast schon gemütliche Atmosphäre wie auf dem Marktplatz einer deutschen Provinzstadt herrscht auf dem Union Square im Süden Manhattans. Zwischen (alkoholfreiem) Glühwein, handgefertigten Weihnachtskarten und Holzschmuck ist der dortige Holiday Market ein lohnender Stopp, bei dem gern auch heimatliche Gefühle aufkommen. Mehr als 100 Stände bieten Süßes und Herzhaftes sowie

Ein Hauch von deutscher Weihnacht in New York

Holiday Market am Union Square

Kunsthandwerk und Souvenirs an. Gerade an den Wochenenden zieht der Markt vor allem die Menschen aus den angrenzen Wohnstraßen an. Der gleiche Veranstalter organisiert überdies Weihnachtsmärkte am Columbus Circle sowie am Bryant Park.

Wer statt gemütlich lieber sportlich unterwegs ist, steuert eine der zahlreichen Eisbahnen an. Eine richtig gute Alternative zur bekannten Eisfläche am Rockefeller Center ist neben dem Bryant Park (siehe Seite 70) auch der Brookfield Place am One World Trade Center. Hier blicken die Schlittschuhläufer abwechselnd auf den Hudson River samt Skyline von Jersey City oder auf den hell erleuchteten Glasbau des Einkaufszentrums. Zwei weitere Alternativen finden sich im Central Park: Der Wollman Rink im Süden (nahe dem Hotel The Plaza und dem Trump Tower) dürfte wohl bekannter sein als der Lasker Pool im Norden, der aktuell neu gestaltet wird und dann im Winter weiterhin als Eisbahn sowie im Sommer als Schwimmbad dienen soll.

Auch im Winter lockt der Abstecher in eine Rooftop-Bar. Damit draußen niemand frieren muss, baut die ohnehin beliebte 230 Fifth Rooftop-Bar jeden Winter ihre Igloo Bar auf der größten Dachterrasse der Stadt auf. So fällt auch bei frostigen Temperaturen der Blick aufs Empire State Building – aus dem Warmen. Ein Absacker im Iglu dürfte der perfekte Abschluss eines Wintertages sein: Zusätzlich zu den üblichen alkoholischen und nicht alkoholischen Getränken werden spezielle Hot Drinks serviert, beispielsweise der Morgan's Hit Cider mit Rum und Zimt für 15 USD.

Brookfield Place am One World Trade Center

Iglus der 230 Fifth Rooftop-Bar

> **INFO**
>
> **Union Square Holiday Market:** Der Weihnachtsmarkt ist zwischen Mitte November und 24. Dezember täglich ohne Eintritt zugänglich; montags bis freitags 11 bis 20 Uhr, an Wochenenden 11 bis 19 Uhr. Subway: 14 Street-Union Square (Linien L, N, Q, R, Q, 4, 5 und 6); East 14th Street, New York, NY 10011, *urbanspacenyc.com/use*
>
> **Brookfield Place:** Die Eislauffläche ist in der Weihnachtszeit täglich von 14 bis 21:15 Uhr (an Wochenenden bereits ab 9 Uhr) geöffnet. Für 60 Minuten Eislaufen werden 17 USD fällig, Schlittschuhe können für 5 USD gemietet werden. Subway: World Trade Center (Linie E) oder Cortlandt Street (Linie R); 230 Vesey Street, New York, NY 10281, *therinkatbrookfieldplace.net*
>
> **230 Fifth Rooftop Bar:** Die Iglus stehen von November bis Mitte April und sind täglich bis nachts um 2 Uhr geöffnet, kein Eintritt. Subway: 28 Street (Linien N und R) oder 23 Street (Linien F und M); 230 5th Avenue, New York, NY 10001, *230-fifth.com/igloo-bar*

11. Bryant Park: kostenlos Eislaufen im Winter Village

Mitten in Manhattan lockt im Winter ein unerwartet kostenloses Vergnügen, wofür woanders viel Geld bezahlt werden muss: Fürs Schlittschuhlaufen im Bryant Park wird kein Eintritt fällig! Besucher – mit eigenen Schuhen sowie eigenem Schloss

Winterparadies Bryant Park

für den Spind – zahlen für das sportliche Vergnügen im Winter Village mit Blick auf das Empire State Building nichts. Und auch sonst werden nur Gebühren für Schlittschuhe und bei Bedarf die Gepäckaufbewahrung fällig. Solch ein Angebot ist sonst nirgends in der Stadt zu finden – selbst die Eisbahn im Central Park ist kostenpflichtig. Und mit seinem angenehmen Ambiente lohnt ein winterlicher Abstecher ohnehin.

Auch unabhängig vom Ice Rink ist der Bryant Park im Winter eine gute Alternative zur Eisfläche am Rockefeller Center oder dem Weihnachtsmarkt am Union Square. Mit seinem geschlossenen Ensemble inmitten der Hochhäuser erscheint hier die Weihnachtsstimmung noch intensiver: Rund 170 Stände, sogenannte Holiday Shops, unter winterlich kahlen Bäumen buhlen mit kreativen Geschenkartikeln und Snacks aus aller Welt um die Gunst der Besucher. Atmosphärisch ähnelt das Winter Village einem deutschen Weihnachtsmarkt, ergänzt zudem durch Attraktionen wie Le Carrousel, einem französischen Kinderkarussell im Barockstil. Und wenn jetzt noch leise Schnee fällt …

Mit Glück lässt sich an der Eisfläche sogar ein Klappstuhl ergattern, um gemütlich dem Treiben auf dem Eis zuzuschauen. Natürlich ist Schlittschuhlaufen die beliebteste Aktivität. Doch es gibt auch andere Angebote: Vergleichbar einem Autoscooter auf einer Kirmes können hier Fahrten mit einem Bumper Car gebucht werden – ein actionreiches Vergnügen. Stimmungsvoller wird es hingegen an

Die Holiday Shops am Bryant Park bieten zahlreichen Weihnachtsschmuck feil.

ausgewählten Donnerstagen, wenn im Restaurant The Lodge lokale Bands auftreten. Und wer sich im Sommer an den Yogastunden oder Fitnessprogrammen im Bryant Park beteiligt, muss auch im Winter nicht drauf verzichten – im Januar und Februar finden auf dem Panoramadeck des Skating Pavilion entsprechende Kurse statt.

Souvenirs für Zuhause

INFO

Lage: Der Bryant Park liegt in Midtown Manhattan hinter der New York Public Library, zwischen 40th und 4th Street sowie 5th and 6th Avenue.

Anfahrt: Die Subway-Station 42 Street-Bryant Park wird von den Linien B, D, F und M angefahren, alternativ mit der Linie 7 zur Station 5 Avenue-Bryant Park. Zum Rockefeller Center sind es zu Fuß rund zehn Minuten, zum Times Square gut fünf Minuten.

Öffnungszeiten: Das Winter Village startet Ende Oktober und läuft bis Ende Februar. Die Holiday Shops sind bis einschließlich Anfang Januar täglich von 11 bis 20 Uhr geöffnet, am Wochenende von 10 bis 20 Uhr, manchmal auch abends länger. Der Food Court The Lodge ist täglich von 8 bis 22 Uhr geöffnet.

Kosten: Für das Winter Village wird kein Eintritt fällig. Schlittschuhlaufen ist bei eigenem Equipment kostenlos (Miete von Schlittschuhen: ab 15 USD, je nach Jahreszeit), ebenfalls die Yoga- und Fitnesskurse. Eine Runde Bumper Car kostet ab 20 USD.

Website: *bryantpark.org/programs#winter-village*

Nördliches Manhattan

Central Park: Manhattans grüne Oase

Nördliches Manhattan

12. Roosevelt Island: per Seilbahn zur Auszeit auf der Insel
13. Central Park: farbenfroher Indian Summer in der City
14. Big Apple Greeter: mit einem Einheimischen entlang der Upper West Side
15. First Corinthian Baptist Church: Gospel-Gottesdienst auf individuelle Art
16. Adrenalinkick: mit dem Fahrrad durch Harlem
17. Hamilton Grange National Memorial: zu Gast bei einem Gründungsvater
18. Morris-Jumel Mansion: Spaziergang rund um Manhattans ältestes Gebäude
19. Washington Heights: zwischen lateinamerikanischem Lifestyle und altem Leuchtturm

Nördliches Manhattan

12. Roosevelt Island: per Seilbahn zur Auszeit auf der Insel

Sie gilt als eine der am meisten unterschätzten Attraktionen New Yorks und wird von Besuchern oft erst beim zweiten oder dritten Besuch entdeckt, wobei sie sogar fast kostenlos ist: Die Fahrt mit der Seilbahn in luftiger Höhe von Manhattan über den East River nach Roosevelt Island, bekannt für ihren traumhaftem Blick auf die Skyline.

Der kleine Ausflug startet mitten in Manhattan an der Ecke 59th Street/2nd Avenue. Von dort pendeln alle paar Minuten die beiden rot strahlenden Kabinen der Roosevelt Island Tram. Inhaber einer Wochenkarte für die U-Bahn können die Seilbahn sogar kostenlos nutzen, ansonsten kostet ein Einzelticket genau so viel wie eine Fahrt mit der Subway. Während der rund vierminütigen Fahrt genießen die Passagiere einen spektakulären Blick aus 80 Metern Höhe über den East River und die angrenzenden Hochhäuser sowie natürlich auf die rund 3000 Meter lange Insel. Doch das ist nur

NÖRDLICHES MANHATTAN

ein Vorgeschmack auf den gleich folgenden Spaziergang.

Beliebtestes Ziel ist der 2012 eröffnete Franklin D. Roosevelt Four Freedoms Park. Der Park, der dienstags geschlossen ist, erinnert an eine wichtige Rede des 32. Präsidenten der USA: Präsident Franklin D. Roosevelt hatte 1941 die sogenannten „Vier Freiheiten" (Four Freedoms) formuliert, die sowohl bei der Anti-Hitler-Koalition als auch bei der Gründung der Vereinten Nationen eine bedeutende Rolle einnahmen.

Roosevelt Island Tramway

Im Park, wie aber auch überall am Ufer, lässt sich vortrefflich eine kleine Auszeit von der Großstadt nehmen und die meist erfrischende

Franklin D. Roosevelt Four Freedoms Park mit Blick auf Manhattan

NÖRDLICHES MANHATTAN

Roosevelt Island Lighthouse

Brise des East River genießen – ohne die Stadt zu verlassen. Parkbänke stehen für ein kleines Picknick und zum Ausruhen in der Sonne bereit. Bei allem erleben die Besucher einen unvergesslichen Blick auf Manhattans Skyline: angefangen vom nahen UN-Hauptquartier über Chrysler Building und Empire State Building bis zum One World Trade Center. Besonders beeindruckend erscheint die Stadt am Vormittag, wenn die Sonne die Szenerie perfekt ausleuchtet.

Nach einem Abstecher an die Südspitze lohnt auch ein Besuch der Nordspitze. Dort steht fotogen das 1872 errichtete Roosevelt Island Lighthouse inmitten des kleinen, gleichnamigen Parks. Zugleich fällt der Blick auf das nördliche Manhattan sowie den Stadtteil Astoria im Bezirk Queens. Snacks und mehr finden sich in den Supermärkten und Restaurants auf der Insel. Zudem liegen hier mehrere Sporteinrichtungen und seit Neuestem ein Campus des New York City College of Technology. Mehrere alte Gebäude sind schöne Fotomotive auf diesem erholsamen Inselausflug. Auf dem Weg zum nächsten Besichtigungsziel bietet sich eine Fahrt mit der Fähre an – mit der Astoria Line ist beispielsweise bequem die Südspitze Manhattans erreichbar.

Auf Roosevelt Island, die erst seit 1974 so firmiert, waren aufgrund der isolierten Lage im Fluss ursprünglich Gefängnisse und

Krankenhäuser angesiedelt. So sind die Ruinen der Heilanstalt für Pockenkranke bis heute auf dem Weg zum Franklin D. Roosevelt Four Freedoms Park von außen zu besichtigen. 1968 kam die Idee auf, einen Großteil der alten Gebäude abzureißen und die Insel in ein weitgehend autofreies Wohngebiet zu verwandeln, in dem heute geschätzt 16.000 Menschen in ruhigem Ambiente leben, zumindest für New Yorker Verhältnisse. Da die U-Bahnstation nicht rechtzeitig fertig wurde, sorgte ab 1976 die Roosevelt Island Tram für eine Anbindung (neben der Ed Koch Queensboro Bridge). Als die Subway schließlich 1989 fertiggestellt wurde, hatte sich die Seilbahn längst als beliebte Attraktion fest etabliert und fährt nach einer Modernisierung 2010 bis heute in der Rushhour alle siebeneinhalb Minuten.

INFO

Lage: Im East River zwischen Manhattan und Queens

Anfahrt: Mit der Roosevelt Island Tram ist die Anfahrt am schönsten: Sie startet an der Ecke 59th Street/2nd Avenue; nächste Subway-Stationen sind Lexington Avenue (Linie R) und 59 Street (Linien 4, 5 und 6). Auf der Insel selbst liegt die Station Roosevelt Island (Linie F). Alternativ mit der Fähre beispielsweise in rund 40 Minuten von/zum Pier 11/Wall Street; *ferry.nyc/routes-and-schedules/route/astoria*. Auf der Insel verkehrt der kostenlose RIOC Red Bus.

Öffnungszeiten: Die Seilbahn fährt täglich von 6 Uhr morgens bis 2 Uhr nachts, freitags und samstags bis 3:30 Uhr.

Kosten: Eine Einzelfahrt mit der Seilbahn kostet 2,75 USD (wie eine Einzelfahrt mit der Metro). Für Inhaber der 7-Tages-MetroCard ist die Tram kostenlos.

Aktivitäten: Der Franklin D. Roosevelt Four Freedoms Park ist täglich außer dienstags von 9 bis 19 Uhr geöffnet, zwischen 1. Oktober und 31. März nur bis 17 Uhr; *fdrfourfreedomspark.org*

Websites:
- *rioc.ny.gov/302/Tram*
- *rioc.ny.gov*

13. Central Park: farbenfroher Indian Summer in der City

Beim herbstlichen Farbenrausch der Laubbäume denken Reisende sicherlich zuerst an Neuengland-Staaten wie New Hampshire oder Orte wie den Acadia National Park in Maine, natürlich auch an den Osten Kanadas. Aber an New York? Doch gerade im Central Park lässt sich dieses einzigartige Naturphänomen – eine intensive Verfärbung der Blätter der Laubbäume im Spätherbst, begleitet von meist strahlend blauem Himmel – auch im Big Apple erleben. Ohnehin ist der Herbst neben dem Frühling eine gute Reisezeit für die Millionenmetropole. Denn mit der intensiven Laubverfärbung gehen meist noch warme Temperaturen einher – eine angenehme Witterung für das Sightseeing. Wenn die Landschaft in sattem Rot, Orange und Gelb glänzt, erscheint der Central Park vielen Besuchern am schönsten.

Als beste Zeit für den Indian Summer gelten im Allgemeinen die Wochen zwischen Ende September und Ende Oktober. Allerdings „wandert" die Laubverfärbung von Nord nach Süd, sodass der Farbenrausch New York eher Mitte und Ende Oktober erfasst, während in Kanada das Phänomen teils schon Ende August zu bewundern ist. Als erstes erstrahlt meist der Rote Ahorn, gefolgt von Zuckerahorn und Gelber Haselnuss, schließlich verfärben sich auch Buchen, Eschen, Birken und weitere Arten. Die Amerikaner selbst sprechen übrigens nicht vom „Indian Summer", sondern von „Fall Foliage" (sinngemäß für „buntes Laub").

„Fall Foliage" in New York

Besonders eindrucksvoll lässt sich das Farbenspiel auf der sogenannten Mall erleben: Die breite Promenade zieht sich von der 66th bis zur 72nd Street quer durch den Park, gesäumt links und rechts

NÖRDLICHES MANHATTAN

Central Park: grüne Oase im Häusermeer

von hochgewachsenen Bäumen. Spaziergänger können zuweilen den Eindruck gewinnen, unter einem regelrechten Blätterdach zu laufen. Auch der sich anschließende Literary Walk wird für einen Besuch im Herbst empfohlen. Besonders fotogen präsentiert sich auch der Süden des Parks rund um den kleinen See The Pond und um die Gapstow Bridge. Von hier fällt der Blick über die leuchtenden Bäume hin zu den Hochhäusern an der 5th Avenue. Am nördlichen Ende des Parks wiederum werden rund um Halloween im sogenannten Harlem Meer, einem weiteren See im Central Park, beleuchtete Kürbisse zum Schwimmen gebracht.

Natürlich lässt sich der Indian Summer auch an weiteren Plätzen im Big Apple bewundern. Sehr beliebt ist beispielsweise der Fort Tyron Park. Der Park, auch bekannt für den The Met Cloisters (Ableger des The Metropolitan Museum of Art), liegt am Rande des Hudson River. Von der Linden Terrace, einem der höchstgelegenen Orte in Manhattan, fällt der Blick weit über das Farbenmeer der Bäume

Indian Summer in der Großstadt

am Ufer des Flusses. Auch die Bäume im Prospect Park in Brooklyn und im New York Botanical Garden (siehe Seite 188) sowie am Wave Hill (siehe Seite 180) verfärben sich herbstlich bunt. Wer die Fall Foliage außerhalb der Großstadt genießen möchte, kann beispielsweise das Planting Fields Arboretum in Oyster Bay auf Long Island ansteuern. Überdies starten an ausgewählten Wochenenden im Oktober und November Bootsfahrten von Manhattan über den Hudson River nach Cold Spring in New York State.

> **INFO**
>
> **Lage:** Der Central Park erstreckt sich über eine Länge von rund vier Kilometern zwischen der 59th bis zur 110th Street sowie über eine Breite von rund 900 Metern zwischen der 5th und 6th Avenue quer durch Manhattan. Mit einer Größe von 341 Hektar nimmt der Park mit täglich bis zu 500.000 Besuchern rund sechs Prozent der Fläche Manhattans ein.
>
> **Anfahrt:** Der Park ist über zahlreiche Subway-Linien erreichbar. Für einen Start am The Pond bietet sich die Station 5 Avenue-59 Street der Linien N, R und W an. An der Station 59 Street-Columbus Circle halten die Linien A, B, C, D und 1. Am kürzesten zum Harlem Meer ist es ab der Station Central Park North (110th Street) der Linien 2 und 3.
>
> **Öffnungszeiten:** Täglich von 6 Uhr morgens bis 1 Uhr in der Nacht
>
> **Kosten:** Für den Central Park fällt kein Eintritt an. Fahrräder können ab 15 USD pro Stunde gemietet werden.
>
> **Aktivitäten:** Bootsfahrten auf dem Hudson River kosten ab 85 USD für Erwachsene und 40 USD für Kinder zwischen 3 und 12 Jahren; *seastreak.com/daytrips-and-getaways/fall-foliage-cruises*. Die Planting Fields Foundation in Oyster Bay ist per Auto in 75 Minuten von Manhattan oder über die Oyster Linie der Long Island Railroad (LIRR) erreichbar; *plantingfields.org*
>
> **Websites:**
> - *centralpark.com*
> - *centralparknyc.org*

14. Big Apple Greeter: mit einem Einheimischen entlang der Upper West Side

Was von außen wie eine gewöhnliche Bankfiliale an der Ecke vom Broadway zur 74th Street aussieht, erweist sich nach dem Betreten des Gebäudes als echtes Schätzchen. Im Eingangsbereich der kleinen Filiale der TD Bank läuft auf einigen Monitoren eine Dia-Show, welche die Historie des interessanten Gebäudes erzählt: Das Ansonia war zu seiner Eröffnung 1904 das größte Hotel der Welt und beherbergte beispielsweise den Komponisten Igor Strawinsky und den italienischen Tenor Enrico Caruso. Eine kleine charmante Aufmerksamkeit, die Besuchern und New Yorkern im Regelfall entgeht – sofern sie überhaupt über diesen Abschnitt des Broadway an der Upper West Side spazieren. Denn dieser Teil, nördlich des Columbus Circle und zwischen Central Park und Hudson River, zählt wahrlich nicht zum Pflichtprogramm. Doch wer mit einem der Big Apple Greeter unterwegs ist, entdeckt solche verborgenen Plätze.

Unterwegs in Chinatown mit einem Greeter

Mehr als 300 New Yorker engagieren sich heute ehrenamtlich als Big Apple Greeter und zeigen auswärtigen Gästen ihre Nachbarschaft. Diese Initiative existiert seit über 25 Jahren und folgt einer simplen Idee: New Yorker in direkten persönlichen Kontakt mit Menschen anderer Kulturen zusammenzubringen und diese in ihrer Stadt willkommen zu heißen. Es gibt als Besucher wohl kaum eine bessere Chance, die Metropole so authentisch und wie durch die Augen eines Einheimischen zu erleben. Doch dieses reizvolle Angebot, einen der mehr als 100 Stadtteile und natürlich ihre Bewohner kennenzulernen, nutzen pro Jahr gerade einmal 5000 Touristen.

Der gebürtige Niederländer John (Name geändert) trifft seine Gäste im Regelfall am Columbus Circle gegenüber vom Deutsche Bank Center (ehemals Time Warner Center) und somit an einem der schönsten Plätze der Stadt. Rund drei Stunden dauert solch ein Spaziergang mit John – viel Zeit für Geschichte und Anekdoten. Nach dem ersten Fotostopp am noch weithin bekannten Lincoln Center, unter anderem Spielstätte des New Yorker Balletts, steuert John das wuchtige Gebäude der Apple Bank (vormals Central Savings Bank) an und bringt seine Gäste zum Staunen: Das Bankhaus trotzt allem Fortschritt und präsentiert sich seinen Kunden mit einer prächtigen im Neo-Renaissance-Stil gehaltenen Schalterhalle aus längst vergangener Zeit. Fotografieren leider verboten!

Treffpunkt für eine Stadtführung: Columbus Circle

Auch die nächsten Highlights, auf die John hinweist, würde man selbstständig vermutlich gar nicht registrieren: Das Wohnhaus Apthorp zählt zu den glanzvollsten Adressen der Upper West Side und wurde einst beispielsweise von Cindy Lauper sowie Al Pacino bewohnt. Für eine kurze Erfrischung bietet sich der Supermarkt Zabar's mit seinem angeschlossenen Café an. Mittlerweile wird das Familienunternehmen in dritter Generation geführt und zieht sich über einen ganzen Block. Ein echter Geheimtipp seit 1934 und bekannt unter anderem für gute Kaffeebohnen und für koscheres Essen.

Entlang der Upper West Side

Der nächste Stopp ist indes kein Geheimtipp: Schließlich ist das Café Lalo spätestens seit dem Film „You've Got Mail" mit Meg Ryan und Tom Hanks (Deutsch: E-Mail für Dich) weltberühmt. Doch wer dies nicht weiß, läuft an dem äußerlich eher unscheinbaren Torten-Tempel, der mehr als 100 verschiedene Kuchensorten im Angebot hat, schnell vorbei. Zwischen den mehr oder minder bekannten Attraktionen berichtet John, heute Rentner und früher Marketingmanager, immer wieder über den Alltag an der Upper West Side. Die Rolle des Dakota Building als eines der ruhmreichsten Apartmentgebäude der Stadt darf da nicht fehlen. Zu den Bewohnern zählt bis heute Yoko Ono, deren Mann John Lennon am Eingang des neunstöckigen Gebäudes erschossen wurde.

Zum Schluss lässt John es sich nicht nehmen und steuert noch den Central Park an – auch hier engagiert er sich ehrenamtlich. Das bekannte Strawberry Fields, Gedenkstätte für den ermordeten Beatles-Sänger, lassen John und seine Gäste aus. Stattdessen verweist er auf den von der Sängerin Diana Ross gespendeten Spielplatz und vor allem auf das Swedish Cottage, Heimat eines der letzten Marionettentheater der USA – selbst für ausgesprochene Kenner des Central Park sind dies zumeist neue Informationen. Ein Spaziergang mit einem Big Apple Greeter ist somit eine sehr persönliche Möglichkeit, New York aus der Perspektive eines Einheimischen zu erkunden und viele neue Details zu entdecken.

Berühmte Filmkulisse: Café Lalo

INFO

Aktivitäten: Die Stadtführungen mit den Big Apple Greeter sollten möglichst frühzeitig angefragt werden – spätestens drei bis vier Wochen vor dem gewünschten Termin. Touren sind in allen fünf Bezirken möglich; sie dauern zwischen zwei und vier Stunden. Das Angebot ist vielfältig: Man kann mit den Greetern Harlem entdecken, mit der U-Bahnlinie 7 durch Queens fahren (siehe Seite 154) oder gemeinsam ein Museum anschauen. Die ehrenamtlichen Greeter sind bekannt für ihre kreativen und individuellen Touren.

Kosten: Keine. Spenden an die Organisation Big Apple Greeter (über die Website) erbeten. Die Greeter nehmen grundsätzlich kein Trinkgeld, manche lassen sich auf einen Kaffee einladen.

Website: *bigapplegreeter.org*

15. First Corinthian Baptist Church: Gospel-Gottesdienst auf individuelle Art

Schwungvoll tönt der kleine Chor, während die Band für den passenden kräftigen Sound sorgt. Das Publikum singt lauthals und ist größtenteils eher feierlich-gediegen gekleidet, manche wippen rhythmisch mit. Was auf den ersten Blick wie ein Mix aus Rockkonzert und Opernaufführung wirkt, findet sonntags morgens in der First Corinthian Baptist Church in Harlem statt. Bei diesem Gospel-Gottesdienst sind die Mitglieder der Gemeinde noch in der Mehrzahl, Touristen können sich frei unter die Gemeindemitglieder mischen. Zwar werden auch in dieser Kirche manche Bereiche speziell für Besucher freigehalten, aber gerade zu früher Stunde geht es weit geruhsamer und untouristischer zu als zu anderen Zeiten oder in anderen Kirchen. Ein Besuch eines Gospel-Gottesdienstes ist in vielen Kirchen problemlos individuell möglich, auch wenn manche Websites und Tourveranstalter einen anderen Eindruck vermitteln.

Schon bei der Ankunft wird einem schnell bewusst, dass hier kein gewöhnlicher Gottesdienst wie in einer christlichen Kirche in Deutschland stattfindet. Denn von außen entspricht die First Corinthian Baptist Church nicht den Erwartungen eines typischen Mitteleuropäers an eine Kirche, sondern ähnelt vom Gebäude her eher einem Theater – was es in der Tat, erbaut als Regent Theater im Jahre 1913, auch war. Der Andrang der Gläubigen aus der Gemeinde ist hoch – so hoch wie in Deutschland nur noch zu Weihnachten oder besonderen Anlässen wie Konfirmationen und Hochzeiten. Der sonntägliche Besuch einer Kirche in Harlem ist längst kein Geheimtipp mehr: Das wird spätestens beim Anblick der langen Schlangen vor den Gottesdiensten am späten Vormittag, beispielsweise um 10 oder 11 Uhr, deutlich. Gerade in den Kirchen, die von organisierten Gruppen besucht werden, besteht zudem ein großes Risiko, nur inmitten von Touristen zu sitzen und die Einheimischen zu verdrängen. Bei individuellen Besuchen drohen zudem teils lange Warteschlangen, ehe im Anschluss die auswärtigen Besucher auf die Empore komplementiert werden. Wer aber früh aufsteht und gleich am ersten Gottesdienst – beispielsweise in der First Corinthian Baptist Church sonntags um 8 Uhr – teilnimmt, kann sich noch auf einen weitgehend authentischen Gottesdienst freuen.

Hier findet tatsächlich noch ein Austausch statt, vor Beginn des Gottesdienstes wird hier wie da ein Schwätzchen gehalten. Und kommen unerwartet viele Touristen, müssen diese eng zusammenrücken, damit bloß ja kein Gemeindemitglied stehen muss. Während der zweistündigen Zeremonie entsteht eine warmherzige Harmonie, für viele der Besucher durchaus überraschend. Eine ganz eigene Energie ist zu spüren. Hier wird jeder freundlich empfangen, selbst wenn es sich offensichtlich nur um einen erlebnishungrigen Touristen handelt – sofern er sich an die Regeln hält. Ungern sehen es die Gemeinden indes, wenn viel fotografiert wird, die Teilnehmer allzu freizügig gekleidet sind oder gar vorzeitig den Gottesdienst verlassen möchten.

Der Gottesdienst ist eine abwechslungsreiche Mischung aus Predigt, Gebet und musikalischen Stücken der Band und des Chors.

First Corinthian Baptist Church in Harlem

Alles ist viel bunter, lauter und lebensfroher, als man es hierzulande sonntags aus der Kirche kennt. Manches wirkt ungewohnt, manches sehr überraschend. Hier in der First Corinthian Baptist Church ist auf der Ebene über der Bühne ein Becken installiert, in dem an diesen Morgen 23 Gemeindemitglieder, gefühlt zwischen 6 und 60 Jahren alt, nacheinander getauft werden. Dabei wird der Körper des Täuflings von zwei Helfern rückwärts komplett unter Wasser gehalten. Einen Altar, wie hierzulande bekannt, sucht man übrigens in dieser Kirche vergeblich. Dafür wird auf großen Monitoren der Gottesdienst ausgestrahlt.

Neben der First Corinthian Baptist Church gibt es angeblich rund 400 Kirchen unterschiedlicher Größe allein in Harlem. Besonders bekannt – und dementsprechend stark frequentiert – ist die Abyssinian Baptist Church. Einen guten Ruf genießt auch die Bethel Gospel Assembly. Viele Gemeinden bieten mehrere Gottesdienste pro Woche an, wobei nicht immer Gospels gesungen werden oder ein Chor anwesend ist. Auch in der First Corinthian Baptist Church stehen manchmal nur wenige Sänger auf der Bühne – der Stimmung und vor allem dem authentischen Erlebnis tut dies keinen Abbruch. Auch in anderen Stadtteilen New Yorks finden Gospel-Gottesdienste statt, beispielsweise in der Kirche Brooklyn Tabernacle. Wer mehr der Musik lauschen möchte und weniger am Gottesdienst interessiert ist, kann auch reine Gospel-Konzerte besuchen, beispielsweise des renommierten Harlem Gospel Choir in der Sony Hall.

Auch in der Ebenezer Gospel Tabernacle in Harlem sind Besucher willkommen.

INFO

Lage: First Corinthian Baptist Church, 1912 Adam Clayton Powell Jr Boulevard, New York, NY 10026; zentral in Harlem

Anfahrt: Nächstgelegene Subway-Bahnhöfe sind die Stationen 116 Street der Linien B und C sowie die Station 116 Street der Linien 2 und 3.

Öffnungszeiten: Gottesdienste in der First Corinthian Baptist Church finden sonntags um 8 und um 10:45 Uhr statt. Bitte nicht in kurzen Hosen oder ärmellosen Tops kommen, auch Flipflops und Leggings sind meist nicht gern gesehen.

Kosten: Keine; Spenden erbeten

Aktivitäten: Nach einem Besuch eines Gottesdienstes bieten sich ein Spaziergang und Lunch an. Von der First Corinthian Baptist Church sind es zu Fuß nur wenige Minuten zum weltberühmten Apollo Theater, wo schon Prince und Louis Armstrong auftrate. Gleich um die Ecke liegt das wohl berühmteste Restaurant Harlems: Das Red Rooster Harlem (*redroosterharlem.com*) ist für feinstes Soul Food bekannt, beispielsweise Roasted Chicken und Corn Bread. Trotz gehobener Preise der perfekte Abschluss eines Sonntagvormittags in Harlem – regelmäßig auch mit Livemusik.

Alternativen: Zahlreiche Reiseveranstalter bieten organisierte Ausflüge zum Thema Gospel an (ab etwa 60 USD pro Person, teils inklusive Busshuttle). Doch bei manchen Anbietern findet zwar im Rahmen der Tour auch Sightseeing in Harlem statt – doch zuweilen wird statt der erhofften Kirche in Harlem dann ein Gottesdienst in der Bronx besucht. Zuweilen wird mit der Gruppe der Gottesdienst auch frühzeitig verlassen.
Der Harlem Gospel Choir (*harlemgospelchoir.com*) tritt regelmäßig in der Sony Hall auf.
Bekannt für ihre Gottesdienste sind auch die Abyssinian Baptist Church (132 Odell Clark Place (ehemals 138th Street), New York, NY 10030, *abyssinian.org*), die Canaan Baptist Church of Christ (132 W 116th Street, New York, NY 10026, *canaanbaptistcoc.com*) sowie die Bethel Gospel Assembly (2-26 E 120th Street, New York, NY 10035, *bethelga.org*).

Website: *fcbcnyc.org*

16. Adrenalinkick: mit dem Fahrrad durch Harlem

Auf zwei Rädern Big Apple zu erkunden, zählt mittlerweile zu den beliebtesten Aktivitäten. Fahrräder können an vielen Stellen schon für 30 Minuten gemietet werden, besonders populär sind Touren durch den Central Park. Fast noch als Geheimtipp gilt hingegen eine geführte Fahrradtour durch Harlem, zu den schönsten Plätzen im nördlichsten Stadtteil Manhattans. Denn Harlem bietet mehr als nur das legendäre Apollo Theater oder Kirchen für den sonntäglichen Gospel-Gottesdienst.

Ausgangspunkt für diese zweistündige Fahrradtour ist die Station von Unlimited Biking am nördlichen Ende des Central Park gegenüber dem sogenannten Harlem Meer. Auf den ersten Metern gilt es für die fünf Teilnehmer zunächst, sich an den Verkehr in der Millionenmetropole zu gewöhnen. Zuweilen lotst der Guide die kleine Gruppe zwischen wartenden Lkw und Bussen hindurch – höchste Konzentration ist gefordert.

Fotostopp nah dem Apollo Theater: Street-Art in Harlem

Erster Fotostopp ist schon nach wenigen Minuten das Frederick Douglass Memorial am gleichnamigen Kreisverkehr an der Kreuzung von Eight Avenue und 110th Street, gelegen an der Grenze zwischen den Stadtteilen Harlem und Manhattan Valley. Douglass gilt als einflussreichster Afroamerikaner des 19. Jahrhunderts, der sich nach der Flucht aus der Sklaverei als Freiheitskämpfer und Schriftsteller etablierte. Als nächstes steuert der Guide die Cathedral of Saint John The Divine an (Kathedrale der Bischöflichen Diözese von New York und Sitz ihres Bischofs). Auf dem Weg dorthin, entlang kleiner Nebenstraßen und breiter Boulevards, sind die Teilnehmer aus Kanada, den

USA und Deutschland froh über jeden Meter Fahrradweg, der im Großstadtdschungel zumindest einen Hauch von Sicherheit vermittelt. Nicht nur einmal stockt den Urlaubern der Atem, wenn sie zwischen diversen Fahrzeugen unterschiedlichster Größe und Geschwindigkeit manövrieren müssen. Die Kathedrale gilt als eine der größten christlichen Gotteshäuser der Welt und soll, falls die Arbeiten tatsächlich fortgesetzt werden, die größte Kirche der Welt werden. Der Grundstein wurde bereits 1892 gelegt.

Nur zwei, drei Minuten entfernt, liegt im Stadtteil Morningside Heights der nächste Fotostopp: Tom's Restaurant ist weit über die Grenzen Harlems hinaus bekannt. Als „Monk's Cafe" spielte es eine bedeutende Rolle in der Fernsehserie „Seinfeld" – zumindest mit der Außenfassade. Außerdem wurden hier Szenen für das Musikvideo zu Cyndi Laupers Pop-Hit „Time After Time" gedreht.

Von nun an rollt die Gruppe weiter über den Broadway, der bekanntlich nicht nur durch das südliche Manhattan verläuft. Doch schon nach rund einem Kilometer ist das nächste Highlight erreicht. Die Columbia University zählt zu den ältesten und renommiertesten Hochschulen der USA. Zu den Absolventen der 1754 gegründeten Universität zählen beispielsweise die früheren US-Präsidenten Barack Obama und Dwight D. Eisenhower.

Geplant als größte christliche Kirche der Welt: Cathedral of Saint John The Divine

Auch der nächste Stopp lässt nicht lange auf sich warten. Allerdings frischt nahe dem Hudson River der Wind derart auf, dass die Gruppe auf ihrem Weg zur Riverside Church gegen kräftigen Wind anstrampeln muss. Doch die Mühe lohnt sich: Die im gotischen Stil errichtete Kirche ragt wie ein 22-stöckiges Hochhaus rund 120 Meter nach oben und ist in Teilen französischen Gotteshäusern nachempfunden. Mit 74 Bronzeglocken besitzt sie zudem eines der größten Glockengeläute der Welt. Gegenüber der Kirche erinnert noch das General Grant National Memorial an Ulysses Simpson Grant, den 18. Präsidenten der Vereinigten Staaten.

Für eine erholsame Pause am Hudson River ist indes leider keine Zeit auf der geführten Tour. Denn jetzt erwarten die Gruppe aufregende zehn Minuten über viel befahrene Straßen bis zum Erreichen des Apollo Theater, dem vielleicht bekanntesten Wahrzeichen Harlems. Auf dem Weg dorthin lohnt an der Ecke Broadway/125th Street noch ein Blick nach oben: Hier verläuft die Subway als Hochbahn.

Wahrzeichen von Harlem: das legendäre Apollo Theater

Das Apollo Theater, 1914 eröffnet, gilt als eine der bekanntesten Veranstaltungsstätten für vornehmlich afroamerikanische Künstler. Duke Ellington, Louis Armstrong, Diana Ross und James Brown wurden hier von ihren Fans gefeiert. Von hier aus geht es durch Nebenstraßen zum Malcolm X Boulevard und dann weiter durch Straßen mit den berühmten Häusern aus braunem Sandstein.

Nach rund zwei Stunden ist schließlich wieder die Verleihstation von

Unlimited Biking erreicht. Wer nach der geführten Fahrradtour noch nicht genug hat, kann von hier aus auf eigene Faust den Central Park erkunden.

Unterwegs in Harlem

INFO

Lage: Unlimited Biking hat seine Verleihstation an der Ecke 111 West 110th Street (Central Park North)/St. Nicholas Avenue (am nördlichen Ende des Central Park).

Anfahrt: Nur zwei Fußminuten entfernt ist die Subway-Station Central Park North (110 Street) der Linien 2 und 3.

Kosten: Die beschriebene zweistündige geführte Harlem Highlights Bike Tour kostet 45 USD und startet täglich um 11 Uhr. Wer das Fahrrad danach weiter nutzen möchte, zahlt für den restlichen Tag einen Zuschlag von 15 USD. Wer lieber ein E-Bike fahren möchte, kann es für einen Aufpreis von 20 USD ausleihen. Und wer individuell ein Fahrrad mieten möchte, zahlt ab 20 USD für eine Stunde bis 40 USD für einen ganzen Tag.

Website: *unlimitedbiking.com/new-york/tours*

17. Hamilton Grange National Memorial: zu Gast bei einem Gründungsvater

Amerikanische Gründungsgeschichte lässt sich nicht nur in Washington, DC, Boston oder Philadelphia erleben. Das Hamilton Grange National Memorial in Harlem war das Wohnhaus von Alexander Hamilton, einem der sogenannten Gründungsväter der Vereinigten Staaten. Als Gründungsväter der USA werden die sieben Männer bezeichnet, die nach der Unabhängigkeitsbewegung schließlich am 4. Juli 1776 (dem heutigen Nationalfeiertag der USA) die Unabhängigkeitserklärung unterzeichneten. Die Ausstellung im Haus gibt einen guten Überblick über sein Leben, die Wohnkultur des frühen 19. Jahrhunderts sowie die wechselvolle Geschichte des Hauses.

Hamilton diente im Amerikanischen Unabhängigkeitskrieg im persönlichen Stab von George Washington, arbeitete an der Verfassung mit und war unter Präsident Washington schließlich von 1789 bis 1793 der erste Finanzminister der USA. Er gründete überdies das heute als Bank of New York Mellon firmierende Geldhaus und setzte sich für die Abschaffung der Sklaverei ein. Ursprünglich im heutigen St. Kitts in der Karibik geboren, starb er am 12. Juli 1804 an den Folgen einer Verwundung, die er sich im Duell mit seinem politischen Rivalen Aaron Burr zugezogen hatte. Bis heute ziert sein Porträt die Zehn-Dollar-Banknote.

Wohnhaus von Alexander Hamilton

Das Hamilton Grange Memorial, 1962 zum National Memorial erklärt und 1966 in das National Register of Historic Places aufgenommen, war das letzte Wohnhaus Hamiltons.

Das zweistöckige Gebäude wurde 1802 auf seinem weitläufigen Grundstück in Upper Manhattan nach den Plänen des amerikanischen Architekten John McComb Jr., der auch die New Yorker City Hall entworfen hatte, errichtet. Es wurde nach dem Anwesen von Hamiltons Großvater in Schottland, The Grange, benannt. In dem einzigen Haus, das er selbst besessen hatte, lebte Hamilton durch seinen frühen Tod nur zwei Jahre.

Stadtteil-Idylle: Der St. Nicholas Park grenzt an das Hamilton Grange National Memorial.

Die Dauerausstellung im ersten Stock informiert über das vielfältige Schaffen Hamiltons und seine wichtigsten Lebensstationen. Im kleinen, nur 25 Plätze fassenden Kino wird regelmäßig ein Film über das Leben des Politikers gezeigt. Zusätzlich können die restaurierten Wohnräume im oberen Geschoss besichtigt werden. Besucher haben je nach persönlicher Vorliebe und Tageszeit die Wahl, an einer geführten Tour mit einem Guide teilzunehmen oder auf eigene Faust die obere Etage zu erkunden.

Das National Memorial blickt auf eine wechselvolle Geschichte zurück und steht mittlerweile an seinem dritten Standort. Der erste Umzug fand bereits 1889 statt, als es von seinem ursprünglichen Bauplatz um vier Blocks verrückt wurde. Zwar kam seine Schönheit

NÖRDLICHES MANHATTAN

Blick in die Arbeits- ...

... und Wohnräume von Alexander Hamilton

zwischen der neu errichteten St. Luke's Episcopal Church und einem mehrstöckigen Wohnhaus nicht mehr zur Geltung. Kritik kam aber erst 1962 mit der Ernennung zum National Memorial auf. Der Standort würde einer solchen Auszeichnung nicht gerecht. Doch erst 2008 wurde Hamiltons Wohnhaus in einer spektakulären Aktion erneut umgezogen und dabei mit einem Kran über die Kirche gehoben. Nach umfangreichen Restaurierungsarbeiten mit dem Ziel, den Zustand von 1804 wieder herzustellen, wurde das Haus im September 2011 wieder eröffnet. Trotz zweier Umzüge steht das weiß strahlende Gebäude noch immer auf dem Areal des einstigen Anwesens Hamiltons. Und seit der Uraufführung des mittlerweile vielfach preisgekrönten Musicals „Hamilton" im Jahr 2015 erfreut sich das geschichtsträchtige Haus einem stetig steigenden Interesse. Es empfiehlt sich daher, für eine Teilnahme an den etwa 30- bis 45-minütigen Führungen möglichst frühzeitig einzutreffen.

INFO

Lage: 414 West 141st Street, New York, NY 10031; angrenzend an den St. Nicholas Park in Harlem

Anfahrt: 145 Street der Linien A, C, B und D ist die nächstgelegene Subway-Station.

Öffnungszeiten: Das Hamilton Grange National Memorial kann auf geführten Touren und individuell besichtigt werden. Auch die Außenanlagen mit einem Rosengarten sind öffentlich zugänglich.

Kosten: Ausstellung und Führungen sind kostenlos.

Aktivitäten: Wer das Hamilton Grange National Memorial besucht, sollte sich auch Zeit für einen Spaziergang durch den angrenzenden St. Nicholas Park nehmen, der täglich von 6 Uhr morgens bis 22 Uhr zugänglich ist. Hier erleben Touristen einen ganz typischen Nachbarschaftspark, weit weniger stark besucht als beispielsweise der Central Park. Wichtig: Getränke und Snacks schon in den Shops am U-Bahnhof kaufen; *nycgovparks.org/parks/st-nicholas-park*

Website: *nps.gov/hagr*

18. Morris-Jumel Mansion: Spaziergang rund um Manhattans ältestes Gebäude

In dem schmucken klassizistischen Bau hatte einst schon George Washington einige Wochen während des Amerikanischen Bürgerkriegs 1776 gelebt: Das Morris-Jumel Mansion im Herzen von Harlem steht leicht erhöht. So konnte der später erste Präsident der USA von hier oben die Umgebung aufmerksam beobachten. Heute ist das 1765 errichtete Morris-Jumel Mansion das älteste noch erhaltene freistehende Gebäude in Manhattan. Ein Besuch gibt einen informativen Überblick über das Leben im 18. und 19. Jahrhundert – und eignet sich als Ausgangspunkt für einen Besuch im angrenzenden Highbridge Park oder dem umliegenden Stadtteil Washington Heights (siehe Seite 106).

Ursprünglich als Wohnhaus für einen britischen Offizier und seine reiche amerikanische Gattin gebaut, diente das Mount Morris genannte Anwesen George Washington im Herbst 1776 als Hauptquartier. Damals noch besser als heute fiel der Blick über Harlem Heights und die Bronx. Im Anschluss nutzten die Britische und

Morris-Jumel Mansion im Roger Morris Park

Hessische Armee das Gebäude als Hauptquartier, ehe es zum Gasthaus (Tavern) wurde. 1790 war es Schauplatz des ersten Dinners von Washington, nun als Präsident, mit seinem Kabinett, dem unter anderem Alexander Hamilton (siehe Seite 98), John Adams und Thomas Jefferson angehörten. Später kaufte ein vermögender französischer Händler das Anwesen für sich und seine Frau aus

Schlafzimmer im Morris-Jumel Mansion

Rhode Island. Von ihren Reisen nach Frankreich brachten sie zahlreiche Möbel mit und verliehen dem Haus europäisches Flair. Nach weiteren Eigentumswechseln übernahm es die Stadt New York im Jahr 1903 und legte obendrein den kleinen Roger Morris Park auf dem Gelände an. Seit 1904 beherbergt das Haus, das zum National Historic Monument erklärt wurde, ein kleines Museum.

Das zweistöckige Gebäude, in strahlendem Weiß, wirkt gar nicht so, als wäre es öffentlich zugänglich. Interessierte müssen klingeln, um Einlass zu bekommen. Wer hier herkommt, ist abseits der touristischen Hauptrouten unterwegs und trifft, wenn überhaupt, nur wenige andere Besucher. Das Erdgeschoss wird von Empfangszimmer, Bibliothek und Speisezimmer dominiert. Im ersten Stock können bis heute die damaligen Schlafzimmer besichtigt werden. Ganz oben befanden sich Gästezimmer, während die Sklaven im Keller

Nördliches Manhattan

New Yorks älteste Brücke: High Bridge

leben mussten. In dem kleinen Haus kann man sich frei bewegen und in Ruhe die Exponate aus der Kolonialgeschichte anschauen.

Nach einer Besichtigung bietet sich ein Spaziergang durch den lang gestreckten Highbridge Park an, die grüne Oase der Menschen im Stadtteil Washington Heights. Wie es dem Klischee entspricht, sitzen Senioren auf den Parkbänken, während sich die Jugendlichen beim Basketball austoben. Im Hochsommer ist zudem das Schwimmbad des Highbridge Recreation Center geöffnet. In jedem Fall lohnt ein Spaziergang über die High Bridge: Die 1848 als Aquädukt errichtete und seit 2015 für Fußgänger freigegebene Brücke überspannt den Harlem River und verbindet Harlem auf 440 Metern Länge mit der Bronx. Von der ältesten Brücke der Stadt eröffnet sich aus rund 40 Metern ein schöner Blick auf die Metropole – mehrere Schnellstraßen sowie die Alexander Hamilton Bridge und die Washington Bridge inklusive.

> INFO
>
> **Lage:** 65 Jumel Terrace, New York, NY 10032
>
> **Anfahrt:** Die nächstgelegenen Subway-Stationen sind 163 Street-Amsterdam Avenue (Linie C) und 157 Street (Linie 1).
>
> **Öffnungszeiten:** Das Morris-Jumel Mansion ist Donnerstag bis Sonntag von 13 bis 16 Uhr geöffnet, der das Haus umgebende Roger Morris Park täglich von 10 bis 17 Uhr. Das Haus kann nur zur jeweils vollen Stunde (13, 14 und 15 Uhr) im Rahmen einer Self-Guided Tour besucht werden, die vorab online gebucht werden muss.
>
> **Kosten:** Tickets für die Self-Guided Tour kosten 10 USD.
>
> **Aktivitäten:** Nach der Museumstour zur Entspannung in den angrenzenden Highbridge Park; *nycgovparks.org/parks/highbridge-park*. Oder zum Sightseeing nach Washington Heights (siehe Seite 106). Zum Hamilton Grange National Memorial (siehe Seite 98) sind es rund 30 Minuten zu Fuß.
>
> **Websites:**
> - *morrisjumel.org*
> - *nycgovparks.org/parks/roger-morris-park*

19. Washington Heights: zwischen lateinamerikanischem Lifestyle und altem Leuchtturm

Im Supermarkt an der Ecke Broadway/West 175th Street ist ganz klar Spanisch erste Wahl. Wer Englisch spricht, offenbart sich schnell als jemand, der vermutlich nicht in einer der umliegenden Straßen sein Zuhause hat oder gerade erst im Zuge der Gentrifizierung hergezogen ist. Washington Heights, ein Stadtviertel im Norden von Manhattan, ist seit jeher ein Stadtteil der Einwanderer. Die Gegend wird heute vornehmlich bewohnt von einerseits Menschen mit lateinamerikanischen Wurzeln, andererseits wiederum auch von Hipstern, denen Williamsburg (siehe Seite 132) mittlerweile zu teuer respektive zu langweilig und spießig geworden ist. Für Touristen lohnt eine Tour auch als Startpunkt für einen Spaziergang zur George Washington Bridge samt Abstecher zu Manhattans einzigem Leuchtturm – vom Lighthouse auf Roosevelt Island im East River abgesehen (siehe Seite 78).

Schon im 18. Jahrhundert spielte die Gegend eine wichtige Rolle: Während des Amerikanischen Unabhängigkeitskriegs schlug George Washington mit seinen Truppen hier ein Fort als Bollwerk gegen die angreifenden Briten auf – und musste schließlich im November 1776 eine Niederlage gegen die britische Armee einstecken. Dies führte letztlich zur Kontrolle der Briten über New York. Im heutigen Bennett Park markieren Steine das frühere Fort Washington.

Zu Beginn des 20. Jahrhunderts wurden mehr und mehr Wohngebäude errichtet, als sich erst Einwanderer aus Irland, später aus Polen und Ungarn ansiedelten. Parallel wuchs der nahe Fort Tyron Park, heute bekannt für The Met Cloisters als Ableger des Metropolitan Museum of Art. In den 1930er-Jahren flüchteten schließlich mehr als 20.000 Juden aus Nazi-Deutschland und brachten ihre jüdisch-europäische Kultur mit. Schnell etablierte sich der Name „Frankfurt-on-the-Hudson", da der irische respektive osteuropäische Einfluss schwand. In den 1960er-Jahren wandelte sich der

Stadtteil erneut: Während die jüdischen Einwanderer und ihre Kinder nach und nach wegzogen, kamen erst Immigranten aus der damaligen Sowjetunion, dann aus Lateinamerika. Sie prägen Stadtbild und Lifestyle bis heute. Die Gegend durchmischt sich aber zunehmend wieder. Manche Bewohner sowie lokale Medien sehen Washington Heights schon als das „neue" Williamsburg. Die Gentrifizierung habe bereits begonnen, heißt es.

Das United Palace, New Yorks viertgrößtes Theater, liegt zentral in Washington Heights. Ehemals ein Kino, fungiert es heute als Kirche und als Non-Profit-Kulturzentrum. Neben Bob Dylan, Adele und Kraftwerk spielten in dem 1930 errichteten, pompösen Bau auch schon die Berliner Philharmoniker. Gottesdienste finden regelmäßig sonntags um 15 Uhr statt. Nach einem Streifzug durch die umliegenden Straßen mit vielen Geschäften und Tapas-Bars bietet sich ein Spaziergang zur George Washington Bridge an, die New York mit dem benachbarten Bundesstaat New Jersey verbindet. Mit ihren 14 Fahrstreifen auf zwei Ebenen gilt sie als meistbefahrene Brücke der Welt. Spaziergänger und Radfahrer können die Brücke auf der Südseite kostenfrei überqueren. Von oben fällt der Blick über den etwa 65 Meter tiefer fließenden Hudson River weit gen Manhattan. Auch das felsige Kliff auf der Westseite des Hudson ist zu sehen. Ein Spaziergang hier ist bei Weitem untouristischer als die bekannte Tour über die Brooklyn Bridge. Am anderen Ende

United Palace: Wahrzeichen in Washington Heights

der rund 1500 Meter langen, 1930 eröffneten George Washington Bridge liegt der Fort Lee Historic Park als Teil des Palisades Interstate Park. Von hier bietet sich ebenfalls ein unvergesslicher Blick auf Manhattan und die Ufer des Hudson River.

Sowohl vom Fort Lee Historic Park als auch von der George Washington Bridge aus sticht ein kleiner Leuchtturm am Ostufer des Flusses ins Auge: The Little Red Lighthouse ist einer von zwei verbliebenen Leuchttürmen Manhattans. Mittlerweile seit 1948 außer Dienst, ist das Lighthouse als Wahrzeichen und Fotomotiv weiterhin geschätzt. Ursprünglich wurde es 1880 auf der Halbinsel Sandy Hook (siehe Seite 232) errichtet, ehe die Küstenwache es an seinem heutigen Standort im Fort Washington Park aufbaute. Der Park selbst ist nur recht mühselig über Brücken und Treppen, die über Schnellstraßen und Bahngleise führen, zu erreichen und somit nur bedingt empfehlenswert.

Die George Washington Bridge verbindet Manhattan mit New Jersey.

NÖRDLICHES MANHATTAN

Beliebtes Fotomotiv: The Little Red Lighthouse

INFO

Lage: Washington Heights liegt im nördlichen Manhattan zwischen Hudson und Harlem River, angrenzend an den Bezirk Bronx im Norden.

Anfahrt: Mit der Subway-Linie A zur Station 175 Street

Öffnungszeiten: Die George Washington Bridge ist für Fußgänger und Fahrradfahrer täglich von 6 Uhr bis Mitternacht zugänglich, für Fahrzeuge rund um die Uhr.

Kosten: Keine, Mautpflicht nur für Fahrzeuge

Aktivitäten: Der Fort Lee Historic Park in New Jersey (*njpalisades.org/fortlee.html*) ist ein lohnendes Ausflugsziel und ausgesprochen untouristisch. Innerhalb der Washington Heights sind es vom United Palace zu Fuß rund 20 Minuten zum Morris-Jumel Mansion, einem bedeutenden historischen Gebäude, sowie zum Highbridge Park (siehe Seite 102). Auch zum Met Cloisters ist es nicht weit; *metmuseum.org/visit/plan-your-visit/met-cloisters*

Website: *nycgovparks.org/parks/fort-washington-park/highlights/11044*

BROOKLYN

Zuweilen wirkt Brooklyn gemütlich kleinstädtisch.

Der bevölkerungsreichste und enorm vielseitige Bezirk ist wohl nach Manhattan das beliebteste Ziel der New-York-Besucher: Vor allem ein Spaziergang über die Brooklyn Bridge zählt zu den populärsten Aktivitäten. Dabei lohnt es sich, möglichst am frühen Vormittag die Brücke in Richtung Manhattan zu überqueren, wenn die Sonne die Hochhäuser anstrahlt. Am Abend wiederum ist das Ufer des East River ein bevorzugter Platz für Touristen, um Fotos von der nächtlichen Skyline und der hell erleuchteten Brücke als Souvenir zu knipsen.

Blick auf die Brooklyn Bridge

Doch Brooklyn mit seinen rund 2,5 Millionen Einwohnern hat viel mehr zu bieten: Schon ein kurzer Spaziergang durch Brooklyn Heights, nahe der Brücke und hoch über dem East River gelegen, versetzt Besucher gefühlt in eine andere Stadt. Selbst Urlauber, die New York schon mehrfach bereist haben, kennen das schmucke Viertel mit seinen Reihenhäusern und dem relaxten Kleinstadtambiente häufig nicht. Weitaus bekannter sind hingegen beispielsweise Coney Island am Atlantik und der Prospect Park als populäre Alternative zu Manhattans Central Park. Während Williamsburg als Hochburg der Hipster und Kreativen nach Ansicht vieler schon vollständig gentrifiziert ist, gilt Greenpoint als der neue aufstrebende Teil Brooklyns. Doch eines haben beide Stadtteile gemeinsam: eine lebendige Gastroszene und schöne neue Parks entlang des East River, allesamt mit Panoramablick auf Manhattan.

BROOKLYN

20. Brooklyn Heights: edles Wohnviertel mit Skyline-Blick
21. Old Stone House: kurzer Streifzug durch Brooklyns Historie
22. Grand Army Plaza Greenmarket: authentischer Wochenmarkt
23. Brooklyn Botanic Garden: grüne Romantik mit Japan-Flair
24. Williamsburg: abends in der Hipster-Hochburg
25. Greenpoint: aufkommendes In-Viertel
26. Dyker Heights: Weihnachtsrausch auf eigene Faust

20. Brooklyn Heights: edles Wohnviertel mit Skyline-Blick

Zwischen den liebevoll restaurierten Brownstone Houses mit ihren kleinen, gepflegten Vorgärten und den von Bäumen gesäumten Nebenstraßen ist es wohltuend ruhig. Es gibt wohl kaum einen anderen Stadtteil, wo die lärmende Metropole so weit weg erscheint wie in Brooklyn Heights. Hier fühlt es sich zuweilen an wie in einem kleinen Städtchen in der US-amerikanischen Provinz. Und obwohl es nur wenige Minuten von der Brooklyn Bridge bis zur Brooklyn Heights Promenade mit Blick auf die Hochhäuser an Manhattans Südspitze sind, verirren sich kaum Touristen in die hübschen Straßen.

Eine der beliebtesten Wohngegenden: Brooklyn Heights

BROOKLYN

Blick von Brooklyn Heights auf Manhattan

Ein Spaziergang durch den nordwestlichen Teil von Brooklyn startet am besten frühmorgens. Die Stationen gleich mehrerer Subway-Linien liegen mittendrin und ermöglichen so eine schnelle Anreise von Manhattan. Als erstes Ziel lohnt in der Tat die weithin bekannte, gut 800 Meter lange Promenade namens Greenway Terrace, um mit den ersten wärmenden Sonnenstrahlen die leuchtende Hochhauslandschaft von Manhattan zu bestaunen. Von kaum einem anderen Platz erleben Besucher einen so schönen Tagesauftakt wie hier oberhalb der Mündung des East River in die Upper Bay – vom tiefer liegenden Brooklyn Bridge Park abgesehen.

Im Anschluss an die morgendliche Fotosession bietet sich ein Bummel über die Montague Street, die Hauptstraße des Stadtteils, an. Hier finden sich auch Cafés und Supermärkte für ein Frühstück. Wer erst später im Tagesverlauf hier unterwegs ist, hat mit dem Heights Cafe einen gemütlichen Platz für Lunch oder Dinner. Zudem wurde hier in der Straße einst die erste Filiale von Häagen-Dazs gegründet – bis heute wird im Café Eis verkauft. Gut gestärkt empfiehlt sich dann ein sehenswerter Spaziergang durch den Stadtteil. Wer

BROOKLYN

Straßenzug in Brooklyn Heights

freitagnachmittags durch die Straßen schlendert, erlebt amerikanischen Familienalltag kurz vor dem Wochenende: Jugendliche spielen vor dem Haus eine Runde Basketball, während die Älteren einen Plausch mit den Nachbarn halten. Vergessen sollte man nicht, dass Brooklyn Heights zu den teuersten Wohngegenden zählt – angesichts des gemütlichen Ambiente und der Lage nah zu Manhattan wenig überraschend. Und selbst New-York-Reisenden, die meinen, Brooklyn an sich gut zu kennen, ist dieser Part des Bezirks oft nicht geläufig.

Gemütliche Nebenstraßen in Brooklyn

Von Brooklyn Heights als Ziel abseits der ausgetretenen Pfade lassen sich indes einige der bekanntesten Sehenswürdigkeiten des Bezirks gut erreichen. Zum Brooklyn Bridge Park und zur Brooklyn Bridge ist es nicht weit. Und nicht zu vergessen: Der schönste Rückweg nach Manhattan führt über die 1825 Meter lange Brücke. Auf die bekannte Skyline zuzulaufen, ist der beste Abschluss für einen Ausflug nach Brooklyn Heights.

Zum Abschluss lohnt ein Spaziergang über die Brooklyn Bridge zurück nach Manhattan.

> **INFO**
>
> **Lage:** Im Westen von Brooklyn direkt am East River; die Greenway Terrace befindet sich in der Montague Street/Pierrepont Place, Brooklyn, NY 11201.
>
> **Anfahrt:** Zahlreiche Subway-Linien führen durch Brooklyn Heights, beispielsweise mit den Stationen Clark Street und Borough Hall der Linien 2 und 3 sowie Court Street der Linien N und R. Alternativ mit der East River Ferry (*ferry.nyc/routes-and-schedules/route/east-river*) ab Manhattans Pier 11/Wall Street in acht Minuten zum Anleger in Dumbo.
>
> **Aktivitäten:** Nach einem Spaziergang weiter zu anderen Sehenswürdigkeiten in Brooklyn wie der Brooklyn Bridge, dem Brooklyn Bridge Park (*brooklynbridgepark.org*) oder dem Brooklyn Botanic Garden (siehe Seite 128).
>
> **Website:** *de.nycgo.com/boroughs-neighborhoods/brooklyn/brooklyn-heights*

21. Old Stone House: kurzer Streifzug durch Brooklyns Historie

Wenn sich im Garten des Old Stone House die Kinder auf dem Spielplatz vergnügen und in den Räumlichkeiten im ersten Stock eine Geburtstagsfeier für ein Kind aus der Nachbarschaft vorbereitet wird, lässt sich nicht vermuten, dass das kleine Gebäude aus Stein das vermutlich älteste Haus Brooklyns ist. Zwar handelt es sich nur um eine Replik aus den 1930er-Jahren, dennoch spiegelt sich bei einem Besuch im ursprünglich 1699 gebauten Old Stone House die Geschichte Brooklyns wider. Es gilt als eine Ikone der amerikanischen Geschichte und dient heutzutage als Museum und Veranstaltungsort.

Seinerzeit errichtete der holländische Einwanderer Claes Arentson Vechte das Gebäude mit seinen zwei Fuß dicken Wänden aus Feldsteinen als Farmhaus. Keim der Erfolgsgeschichte der Familie als

Rückschau auf das originale Stone House

Zeitreise in Brooklyn: Old Stone House

Landwirte: Sie bewirtschafteten die umliegenden Felder, züchteten Austern im heutigen Gowanus Canal und verkauften ihre Produkte auf den Märkten Manhattans.

Am 27. August 1776 wurde das Old Stone House Schauplatz einer dramatischen Schlacht zwischen britischen Soldaten und angreifenden Amerikanern, die an diesem Tag unter Führung von George Washington die Region erreichten. Die Schlacht von Brooklyn spielte eine bedeutende Rolle im Unabhängigkeitskampf. Der Enkel des Erbauers lebte in jenen Tagen noch. Später ging das einzigartige Anwesen durch verschiedene Hände und wurde zum ersten

JJ Byrne Playground neben dem Old Stone House

Klubhaus von Brooklyns Team in der National Baseball League, die dann als Brooklyn Dodgers bekannt wurden und nach ihrem Umzug 1958 heute in Kalifornien als Los Angeles Dodgers erfolgreich sind. Ende des 19. Jahrhunderts, als sich das Straßenlevel gehoben hatte, ragte nur noch der obere Teil des Hauses empor. Schließlich wurde es bei Demonstrationen 1897 zerstört.

Die neue Blütezeit begann 1923, als das New York City Department of Parks and Recreation das Areal erwarb und bis 1934 mit den Originalsteinen das Old Stone House wieder aufbaute. Seitdem erstrahlt es in neuem Glanz, auch wenn das Gebäude um 90 Grad gedreht und einige Meter vom ursprünglichen Standort verschoben wurde.

Heute punktet das Haus vor allem mit seinen kleinen liebevollen Ausstellungen. Dauerhaft erinnert eine Schau an die Auswirkungen des Amerikanischen Unabhängigkeitskrieges zwischen 1777 und 1783 auf Brooklyn. Bilder und Exponate wie eine Kanone veranschaulichen die damaligen Geschehnisse.

> **INFO**
>
> **Lage:** 336 3rd Street, Brooklyn, NY 11215, im Stadtteil Park Slope in Brooklyn, zwischen dem Washington Park und dem Spielplatz JJ Byrne Playground
>
> **Anfahrt:** Die nächstgelegenen Subway-Stationen sind Union Street (jeweils Linien D, N, R, W) sowie der Bahnhof 4 Avenue (Linien F und G).
>
> **Öffnungszeiten:** Das Gebäude von 1699 ist freitags bis sonntags von 12 bis 16 Uhr für Besucher zugänglich.
>
> **Kosten:** Spende von 3 USD pro Person erbeten
>
> **Aktivitäten:** Sonntags lockt zusätzlich ganzjährig ein Farmers Market (10 bis 16 Uhr). Der samstägliche Wochenmarkt an der Grand Army Plaza (siehe Seite 124) liegt etwa 20 Gehminuten entfernt.
>
> **Website:** *theoldstonehouse.org*

22. Grand Army Plaza Greenmarket: authentischer Wochenmarkt

Auch wenn der Smorgasburg Food Market mit seinen Food Trucks seit geraumer Zeit gehypt wird und mittlerweile auch viele Touristen anlockt – wer New Yorker auf ihrem angestammten Wochenmarkt treffen möchte, geht samstagvormittags zur Grand Army Plaza in Brooklyn. Der Greenmarket am nordwestlichen Eingang des Prospect Park ist der Markt für Einheimische schlechthin.

Seit 1989 findet der Markt jeden Samstag statt – sommers wie winters. Gerade am frühen Morgen herrscht fast noch eine kleinstädtische Idylle. Viele Kunden und Händler kennen sich, manche Besucher genießen ihren ersten Kaffee oder verbinden Gassi-Gehen mit dem Hund und Wochenendeinkauf. Vor allem die Bewohner aus den umliegenden Stadtteilen Park Slope, Prospect Heights und Crown Heights sind hier anzutreffen. Touristen sind eher rar gesät, hier ist man zumeist unter sich.

Große Auswahl

Bei mehr als 30 Ständen bleibt kaum ein Wunsch unerfüllt. Wer lokale Produkte schätzt, dürfte in jedem Fall fündig werden. Frisches Gemüse aus dem Hunterdon County in New Jersey wird ebenso angeboten wie Lamm und Huhn aus dem Washington County im Nordwesten von New York State. Auch Getränke wie Cider sowie Craft Beer aus kleinen Brauereien sind erhältlich. Je nach Jahreszeit ergänzen weitere Farmer und Verkäufer die Vielfalt und bieten saisonale Produkte an, beispielsweise Fisch, Schnittblumen oder Trauben.

Grand Army Plaza

Neben dem Grand Army Plaza Greenmarket organisiert der 1970 von der Stadt New York gegründete Veranstalter GrowNYC zahlreiche weitere Wochenmärkte in allen fünf New Yorker Stadtteilen. Legendär ist beispielsweise der Union Square Greenmarket in Manhattan, der seit 1976 an vier Tagen pro Woche (Montag, Mittwoch, Freitag, Samstag) stattfindet. Zuweilen bieten dort bis zu 140 Händler ihre Produkte an, während an manchen Tagen bis zu 60.000 Menschen auf den Markt im zentralen Manhattan strömen. Hier sind auch viele Studenten der nahen New York University anzutreffen. Weitere Märkte finden sich beispielsweise dienstags und freitags am Fährterminal Staten Island Ferry Whitehall Terminal oder sonntags in Jackson Heights, wo sich das multikulturelle Flair von Queens gut erleben lässt. Neben den Wochenmärkten betreibt GrowNYC zahlreiche weitere Projekte wie beispielsweise eine Altkleidersammlung und einen sogenannten Teaching Garden auf Governors Island, um Schülern einen Einblick in die Landwirtschaft zu geben.

Erdbeeren: frischer als im Supermarkt

Grüner Spargel ist in den USA äußerst beliebt.

INFO

Lage: Prospect Park West/Flatbush Avenue, Brooklyn, NY 11238

Anfahrt: Die nächstgelegene Subway-Station ist Grand Army Plaza Station (Linien 2 und 3).

Öffnungszeiten: Der Markt findet jeden Samstag von 8 bis 15 Uhr statt.

Aktivitäten: Der Markt grenzt direkt an den nordwestlichen Eingang des Prospect Park (*prospectpark.org*). Das nur wenige Meter entfernt liegende Brooklyn Museum (*brooklynmuseum. org*) ist mittwochs bis sonntags von 11 bis 18 Uhr geöffnet. Auch in der Nähe: Brooklyn Botanic Garden (siehe Seite 128).

Websites:
- *grownyc.org/greenmarket/brooklyn-grand-army-plaza*
- *grownyc.org/greenmarket/ourmarkets*

23. Brooklyn Botanic Garden: grüne Romantik mit Japan-Flair

Der Botanische Garten in der Bronx (siehe Seite 188) mag größer und älter, vielleicht auch berühmter sein – der Brooklyn Botanic Garden ist aber ebenso einen Besuch wert. Erholsame Stunden im Grünen lassen sich zudem bequem mit einer Besichtigung des benachbarten Brooklyn Museum, dem samstäglichen Wochenmarkt an der Grand Army Plaza und einem Abstecher in den weithin bekannten Prospect Park verbinden. Rosen und Wasserrosen sowie Orchideen und Kirschblüten zählen zu den wichtigsten Attraktionen des Gartens. Insgesamt sind mehr als 14.000 verschiedene Pflanzen im Park zu sehen.

Cherry Blossoms im Frühling

Vom quirligen Brooklyn sind es vom Eingang aus nur wenige Meter und schon stehen Besucher gefühlt im ruhigen Japan: Das rote Torii, das Eingangstor zu einem japanischen Schrein, spiegelt sich fotogen im Wasser, im Hintergrund plätschert leise ein Wasserfall, umrahmt von Pflanzen aus Fernost und einem Steingarten. Im See schwimmen Hunderte Kois. Der Japanese Hill-and-Pond Garden ist eine der herausragenden Anlagen inmitten des 20 Hektar großen Brooklyn Botanic Garden. Wer hier steht, spürt schnell eine erhabene Atmosphäre, sodass ein Weitergehen schwerfällt – so viel Ruhe und Anmut strahlt der japanische Garten aus, der zu den beliebtesten und ältesten außerhalb des Landes der aufgehenden Sonne gehört.

Doch Brooklyns botanische Oase hat noch mehr zu bieten: Im Juni lockt ein Besuch des Cranford Rose Garden, wenn Tausende Rosen

Der Brooklyn Botanic Garden ...

an mehr als 5000 Sträuchern in voller Blüte stehen. Eine wahre Farbenpracht eröffnet sich dem Betrachter. Manche Pflanzen – insgesamt sind mehr als 1400 Rosenarten hier vertreten – wurden schon 1927 gesetzt. Nicht nur der Rosengarten, sondern der ganze Park zählt zu den romantischsten in ganz New York, sodass regelmäßig frisch angetraute Ehepaare hier ihre Hochzeitsbilder machen lassen oder Paare sich verloben. Wer wiederum im April den 1911 offiziell eröffneten Park besucht, erlebt die Kirschbäume in voller Blüte. Aber auch ganzjährig ist die Cherry Esplanade sehenswert. Der Shakespeare Garden wiederum umfasst eine Sammlung von rund 80 Pflanzen, die in den Werken des berühmten Schriftstellers und Schauspielers vorkommen.

Speziell an Kinder und Familien richten sich die Plant Family Collection, welche die Entwicklung von Flora und Fauna im Laufe der Erdgeschichte beschreibt, und der Children's Garden, wo der Nachwuchs unter anderem selbst Blumen pflanzen kann. Weitere große Anlagen wie der Water Garden mit Pfaden durch Feuchtgebiete und

... ist auch für die Anwohner ein beliebtes Ziel.

der an italienische Parklandschaften erinnernde Osborne Garden ergänzen das Angebot. Schließlich zählen zum Brooklyn Botanic Garden auch mehrere große Gewächshäuser mit umfangreichen Sammlungen, beispielsweise mit Pflanzen aus den Tropen oder aus Wüsten.

> **INFO**
>
> **Lage:** 455 Flatbush Avenue bzw. 990 Washington Avenue, Brooklyn, NY 11225; angrenzend an das Brooklyn Museum und den Prospect Park
>
> **Anfahrt:** Nächste Subway-Stationen sind Eastern Parkway-Brooklyn Museum (Linien 2/3, am Wochenende 4/5), Prospect Park (B/Q/S, B nicht am Wochenende) und Franklin Avenue (4/5, nicht am Wochenende).
>
> **Öffnungszeiten:** Zwischen März und Oktober dienstags bis freitags von 8 bis 18 Uhr und am Wochenende 10 bis 18 Uhr, zusätzlich an den sogenannten Twilight Tuesdays bis 20 bzw. 20:30 Uhr (an ausgewählten Dienstagen). Im November dienstags bis freitags von 8 bis 16:30 Uhr und am Wochenende 10 bis 16:30 Uhr. Von Dezember bis Februar dienstags bis sonntags 10 bis 16:30 Uhr. An ausgewählten Feiertagen auch montags zugänglich.
>
> **Kosten:** Der Eintritt liegt bei 18 USD für Erwachsene und 12 USD für Senioren, Kinder unter 12 Jahren sind kostenlos. In den Wintermonaten (Dezember bis Februar) kann bei einem Besuch an Wochentagen (Dienstag bis Freitag) jeder Besucher einen selbst gewählten Eintrittspreis entrichten.
>
> **Aktivitäten:** Im Garten selbst finden sich die Yellow Magnolia Canteen (im Winter geschlossen) für Snacks sowie eine Coffee Bar im Visitor Center (10 bis 14:30 Uhr). Direkt nebenan liegt das Brooklyn Museum das mittwochs bis sonntags von 11 bis 18 Uhr geöffnet ist; *brooklynmuseum.org*. Ebenso nah ist der Prospect Park; *prospectpark.org*. Jeden Samstag findet wenige Meter entfernt der Grand Army Plaza Greenmarket (siehe Seite 124) statt.
>
> **Website:** *bbg.org*

24. WILLIAMSBURG: ABENDS IN DER HIPSTER-HOCHBURG

Nirgendwo anders ist die Metamorphose und Gentrifizierung weiter vorangeschritten als in weiten Teilen von Williamsburg, einem der rund 50 Viertel des Bezirks Brooklyn: Die Straßenzüge nördlich der Williamsburg Bridge gelten als Geburtsstätte der Hipster, hier sind mittlerweile aber nahezu alle Industrieanlagen durch gläserne Luxusbauten und schnieke Hotels ersetzt worden. Somit mussten viele Künstler und Kreative, die einst für den Aufstieg des Viertels sorgten, angesichts der enorm gestiegenen Wohn- und Gewerbemieten längst weiterziehen. Geblieben sind nur einige wenige Erfolgreiche, die jetzt das nötige Kleingeld haben und mit den Zugezogenen finanziell mithalten können. Obwohl manche Williamsburg schon als „Times Square von Brooklyn" verschmähen, wandeln Besucher abends noch immer jenseits der ausgetretenen Pfade.

Bester Ausgangspunkt für eine abendliche Tour ist die Brooklyn Brewery. Der Ruf der 1988 gegründeten Brauerei mit ihren mehr als 15 Craft-Biersorten hallt mittlerweile weit über die Stadtgrenzen hinaus. Zuweilen ist ihr Bier selbst in Deutschland zu bekommen. Hier treffen sich die Menschen aus der Nachbarschaft auf einen Plausch. An manchen Abenden wird Livemusik geboten, ein Samstag im September wird als Oktoberfest deklariert. Unter den Gästen finden sich trotz aller Gentrifizierung noch Studenten, die beim Bier für die nächste Prüfung lernen. An den Wochenenden können Besucher auf kurzen Führungen die Brauerei näher kennenlernen.

Abends in Williamsburg

Im Anschluss ist es nur ein kurzer Spaziergang zum Marsha P. Johnson State Park (East River State Park), um den Sonnenuntergang über

Manhattan zu beobachten. Wie immer an der Ostseite des East River fasziniert der Blick, wenn am anderen Ufer die Gebäude erleuchtet sind und hinter ihnen die Sonne langsam versinkt. Eine ähnlich grandiose Aussicht kann im etwas weiter entfernt gelegenen Grand Ferry Park genossen werden, zu Fuß eine gute Viertelstunde von der Brauerei entfernt.

Wer in den umliegenden Straßen, beispielsweise auch auf der zentralen Bedford Avenue, nichts zum Abendessen findet, ist selbst schuld. Die Auswahl ist so groß, dass selbst eine kulinarische Weltreise machbar erscheint. Gehobenes, authentisches Pub-Food serviert The Bedford on Bedford, eine gute Anlaufstelle für die Menschen nach der Arbeit zum romantischen Dinner. Damit schließt sich auch fast der Kreis eines abendlichen Bummels – denn schräg gegenüber liegt wieder die Brooklyn Brewery.

Der Gerstensaft der Brooklyn Brewery ist auch in Deutschland erhältlich.

Doch für einen nächtlichen Absacker gibt es genügend Alternativen: So haben einige Freunde im Jahr 2010 eine ehemalige Tonic Water-Fabrik in ein gemütliches Restaurant namens The Whiskey Brooklyn verwandelt. Neben zahlreichen Whiskeys und Cocktails wird auch Bier aus der benachbarten Brauerei serviert. Hippe Hipster-Atmosphäre ist hingegen im nahen Hotel The Williamsburg zu finden. Es gilt als Treffpunkt schlechthin im Trendviertel. Neben dem Roopftop-Pool besticht es mit der hoch oben gelegenen Bar im Water Tower. Bei Drinks und Musik wechselnder DJs schwenkt der Blick der Besucher über das einzigartige nächtliche Panorama von Brooklyn, East River und Manhattan. Alternativ genießt das Brooklyn Bowl einen guten Ruf mit seinem Mix aus Bowling-Bahn, Club, Livemusik und Restaurant.

Natürlich lohnt auch tagsüber ein Besuch des schmucken Williamsburg. Für den ersten Kaffee des Tages empfiehlt sich die Rösterei Devoción Coffee, bekannt für kolumbianische Bohnen sowie ihren Stilmix aus Wiener Kaffeehaus und Industriedesign. Von dort aus ist es nur kurzer Weg zum kleinen Sandstrand im East River State Park – oder alternativ zum jüdischen Alltagsleben am anderen Ende der Bedford Avenue rund um die Kreuzung zu Brooklyns Broadway. Hier fühlt es sich eher an wie in Jerusalem als in New York. Von hier aus ist es auch nicht weit zum denkmalgeschützten Gebäude der

Serviert mehr als Whiskeys: The Whiskey Brooklyn

Williamsburg Savings Bank, einem schönen Fotomotiv. Und gleich gegenüber liegt das Restaurant Peter Luger, für viele das beste Steakhaus der Stadt. Längst kein Geheimtipp mehr hingegen ist das Food-Festival Smorgasburg mit mehr als 100 Ständen und Food Trucks, das zwischen April und November jeden Samstag Tausende Menschen in den Marsha P. Johnson State Park (East River State Park) lockt.

Große Auswahl fürs Nightlife

INFO

Lage: Williamsburg ist ein Stadtteil im Nordwesten von Brooklyn, der an den East River sowie das Viertel Greenpoint (siehe Seite 136) angrenzt.

Anfahrt: Zentrale Subway-Station ist Bedford Avenue der Linie L. Mitten im jüdisch geprägten Teil von Williamsburg halten die Linien M, J und Z an der oberirdisch gelegenen Station Marcy Avenue.

Websites:
- brooklynbrewery.com
- nycgovparks.org/parks/grand-ferry-park
- parks.ny.gov/parks/155/details
- thebedfordonbedford.com
- whiskeybrooklyn.com
- thewilliamsburghotel.com
- brooklynbowl.com
- devocion.com/pages/devocion-cafe-williamsburg-brooklyn-ny
- peterluger.com
- smorgasburg.com

25. GREENPOINT: AUFKOMMENDES IN-VIERTEL

Erst war es gefühlt ganz Brooklyn, dann Williamsburg – und nun gilt Greenpoint als das neue, hippe Stadtviertel. Wer hier durch die Straßen geht, denkt im ersten Moment nicht daran, dass diese aufstrebende Gegend tatsächlich in New York liegt.

Aufstrebendes Viertel: Greenpoint

Von der Subway-Station Greenpoint Avenue der Linie G – übrigens der einzigen Strecke ohne Halt in Manhattan – erschließt sich der Stadtteil am nördlichsten Zipfel von Brooklyn am besten. Schon nach wenigen Minuten fühlt man sich nur noch unter Hipstern, so trendig ist das Viertel momentan und lässt überall kreative Geschäfte und Restaurants entstehen. Und schnell wird jedem Besucher bewusst: Greenpoint gilt dank der vielen Einwanderer aus Polen auch als „Little Poland". Der osteuropäische Einfluss ist vielerorts zu spüren. Am besten läuft man einmal die beiden zentralen Straßen Greenpoint Avenue und Manhattan Avenue ab. Hier reihen sich kleine Cafés, Restaurants und Geschäfte aneinander.

Donuts im Peter Pan Donut & Pastry Shop

Die populären Ketten sind hier viel weniger präsent als in anderen Gegenden der Metropole. Stattdessen dominieren Vintage-Läden und lokale Designer-Boutiquen für Schmuck und Bekleidung. Hier haben dank der vergleichsweise moderaten Mieten junge

Künstler eine gute Chance – von der Gentrifizierung in Williamsburg ist Greenpoint noch weit entfernt. Die lokale Gastro-Szene braucht sich indes nicht vor den berühmteren Konkurrenten in Williamsburg, Brooklyn oder gar Manhattan zu verstecken. So werden im Peter Pan Donut & Pastry Shop angeblich die besten Donuts der Stadt serviert. Skandinavisches Feeling kommt in der Espresso Bar namens Konditori auf, wo man in gemütlicher Umgebung einen

Die Keg & Lantern Brewing Company ist eine beliebte Craft Brewery.

Kaffee genießen kann. Innerhalb von nur fünf Jahren hat sich das Fisch- und Meeresfrüchterestaurant Greenpoint Fish & Lobster Co. einen guten Ruf erarbeitet. Polnische Spezialitäten dürfen natürlich auch nicht fehlen: Bekannt ist beispielsweise das 2007 eröffnete Karczma Polish Restaurant direkt im Herzen des Viertels. Abends ist das Spritzenhaus 33 eine beliebte Anlaufstelle und erinnert ein wenig an deutsche Gasthäuser. Die Keg & Lantern Brewing Company hingegen ist für ihr Craft Beer bekannt.

Inmitten der ruhigen Straßen – das gilt auch für die beiden zentralen Magistralen im Vergleich zum übrigen New York – liegt der

McCarren Park, in den nachmittags die Menschen strömen. Auf der Tartanbahn und den Sportflächen herrscht dann reges Treiben, während Familien eher die großen Grünflächen oder das Schwimmbad ansteuern. Hier wirkt die größte Stadt der Vereinigten Staaten wohltuend unprätentiös. Hier ist die amerikanische Mittelschicht zu Hause.

Doch damit nicht genug: In Greenpoint liegt einer der schönsten Aussichtspunkte auf das Chrysler Building und das Empire State Building: der WNYC Transmitter Park am East River. Wo bis zum Jahr 2012 die Sendemasten des Radiosenders WNYC aufgestellt waren, entstand in den vergangenen Jahren eine schöne

Blick vom WNYC Transmitter Park auf Manhattan

Promenade am Wasser samt kleiner Parkanlage und Panoramablick auf Midtown Manhattan. Der Aufstieg des Stadtteils hängt sicherlich auch damit zusammen, dass hier die Menschen den Fluss und die Natur für sich zurückerobern und die Bebauung zurückdrängen konnten – eine echte Oase mit netten Einkehrgelegenheiten, auch wenn drumherum noch Lagerhallen und Industrieflächen bestehen.

> **INFO**
>
> **Lage:** Rund um die Greenpoint Avenue im nördlichen Brooklyn, angrenzend an den East River, Williamsburg sowie den Bezirk Queens
>
> **Anfahrt:** Zentrale Subway-Station ist Greenpoint Avenue der Linie G. Die Station Nassau Avenue liegt nah zum McCarren Park. Alternativ mit der East River Ferry zum Anleger Greenpoint an der India Street; *ferry.nyc/routes-and-schedules/landing/greenpoint-landing*
>
> **Öffnungszeiten:** Besonders zum späten Nachmittag, wenn die Bewohner des Viertels gen McCarren Park oder zum East River strömen, lohnt ein Spaziergang durch Greenpoint.
>
> **Aktivitäten:** Zahlreiche Cafés und Restaurants finden sich rund um die Greenpoint und die Manhattan Avenue. Samstags findet ein Wochenmarkt im McCarren Park statt; *grownyc.org/greenmarket/brooklyn/greenpoint-sa*. Von Greenpoint ist es zudem nicht weit zum Marsha P. Johnson State Park (East River State Park) im angrenzenden Williamsburg (siehe auch Seite 132) – der gut 20-minütige Spaziergang dorthin lohnt sich.
>
> **Websites:**
> - *peterpandonuts.com*
> - *konditori.com*
> - *greenpointfish.com*
> - *karczmabrooklyn.com*
> - *spritzenhaus33.business.site*
> - *kegandlanternbrooklyn.com*
> - *nycgovparks.org/parks/mccarren-park*
> - *nycgovparks.org/parks/transmitter-park*

26. Dyker Heights: Weihnachtsrausch auf eigene Faust

Hier strahlt ein Schneemann neben der Haustür, dort leuchtet eine Krippe im Vorgarten, daneben ein Weihnachtsmann: Besucher geraten angesichts der bunten Weihnachtsdekoration schnell in einen echten Weihnachtsrausch, fast schon geblendet von so viel funkelnder Pracht. Die Bewohner der Häuser von Dyker Heights liefern sich einen regelrechten Wettstreit, wer die schönste Stimmung kreiert. Wer die Straßenzüge im Südwesten Brooklyns auf eigene Faust erkundet, erlebt perfekte Weihnachtsstimmung und kann sie weitgehend in Ruhe genießen, während den Teilnehmern der ungezählten organisierten Touren wenig Zeit bleibt und man sich eher im Weg steht, als die Weihnachtsdekoration bestaunen kann.

Leuchtende weihnachtliche Dekoration ...

Seit Beginn der 1980er-Jahre hat sich die leuchtende Tradition etabliert. Wann genau der Wettstreit begann, lässt sich heute nicht mehr rekonstruieren. Fest steht nur, dass wohl im Jahr 1985 der erste organisierte Ausflug samt Guide angeboten wurde. Heute sorgen die Busse und die daraus strömenden Gruppen für Verkehrschaos und Staus auf den Bürgersteigen. Dabei können Besucher den Stadtteil auch gut – vielleicht sogar besser – individuell erkunden. Mehrere Subway-Linien erschließen die Region, weiter geht es zu Fuß, mit Bus, Taxi oder Mitfahrdienst.

... lockt allabendlich Hunderte Schaulustige an.

Für ein perfektes Weihnachtsvergnügen sollten Besucher möglichst früh am Abend die Straßenzüge zwischen 11th und 13th Avenue sowie der 83rd und 86th Street erreichen, sie bilden den Mittelpunkt des Wettleuchtens. Gerade zum Sonnenuntergang (im Dezember bereits gegen 16:30 Uhr) haben sich noch nicht so viele Zuschauer versammelt, nicht

Der Winter lässt grüßen.

zuletzt, da viele organisierte Touren frühestens um 16 Uhr in Manhattan starten und sich erst durch den Feierabendverkehr kämpfen müssen. Zu früher Stunde lässt sich das Spektakel, das Dyker Heights wohl zur „Weihnachtshauptstadt" der USA macht, in Ruhe bewundern. Vor einem eröffnet sich ein echtes Winterwunderland.

Und solange sich keine Gruppen durch die Straßen schieben, kann auch ein Stativ problemlos aufgebaut werden – für richtig gute Fotos unabdingbar. Was zwischendurch auffällt: Längst kümmern sich nicht mehr alle Anwohner selbst um die weihnachtliche Stimmung in ihren Vorgärten. Vielfach engagieren sie dafür entsprechende Unternehmen und bezahlen dafür angeblich bis 20.000 Dollar pro Vorgarten, zusätzlich zu den ohnehin horrenden Stromkosten. Bemerkenswert ist auch, dass sich zumindest im Zentrum von Dyker Heights niemand der Show entzieht. Nur am Rande sind einzelne Vorgärten unbeleuchtet. So lässt es sich gut ein bis zwei Stunden durch die Straßen schlendern. Urlauber erleben damit eine der typischen amerikanischen Weihnachtstraditionen mitten in der Großstadt, abseits der Klassiker wie dem Weihnachtsbaum am Rockefeller Center, ganz in ihrem eigenen Tempo.

Dyker Heights, ab etwa 1885 entstanden, ist eine reine Wohngegend. Sie gehört zwar zu den wohlhabenderen in Brooklyn, dennoch gibt es mittendrin keine Geschäfte und Cafés (somit auch keine Toiletten). Lediglich ein, zwei Food Trucks stehen am Straßenrand und verkaufen heiße Getränke. Angesichts der frischen, zuweilen auch richtig kalten Temperaturen sollten sich Besucher warm anziehen, um den Ausflug richtig genießen zu können. Auf der 86th Street, also quasi auf dem Hin- oder Rückweg zu den Subway-Stationen, finden sich Supermärkte, Fastfood-Ketten und Restaurants.

Mittlerweile seit mehr als 30 Jahren eine beliebte Tradition

Die Kreativität kennt scheinbar keine Grenzen.

INFO

Lage: Im Südwesten von Brooklyn; zwischen 11th und 13th Avenue sowie der 83rd und 86th Street

Anfahrt: Nächstgelegene Subway-Station ist 86 Street der Linie R, dann der gleichnamigen Straße gen Osten folgen. Alternativ via Station 18 Avenue der Linie D, dann der 85th Street Richtung Westen folgen. Nach jeweils etwa 15 bis 20 Minuten ist die Wohngegend zwischen der 11th und 13th Avenue erreicht.

Öffnungszeiten: Die Vorgärten sind in der Regel von Sonnenuntergang bis etwa 21 oder 22 Uhr beleuchtet. Meist beginnt das Spektakel Anfang Dezember und endet rund um den bzw. kurz nach dem Jahreswechsel. Am Wochenende soll die Beleuchtung angeblich noch spektakulärer sein, dafür dürfte sie noch mehr Menschen anziehen. Zum Sonnenuntergang sind meist erst wenige Schaulustige vor Ort.

Aktivitäten: Organisierte Touren kosten rund 60 USD pro Person und werden meist zwischen 1. Dezember und 3. Januar angeboten.

Hier herrscht entspannte multikulturelle Atmosphäre: Queens als flächenmäßig größter Bezirk fühlt sich fast wie eine Welt im Kleinen an. Mehr als 800 Sprachen werden hier gesprochen, die Bewohner respektive ihre Vorfahren stammen aus über 100 unterschiedlichen Ländern, rund die Hälfte der 2,2 Millionen Menschen sind außerhalb der USA geboren.

Eine kleine Weltreise kann der Besucher bei einer Fahrt mit der Linie 7 der New Yorker Subway unternehmen – unter anderem mit Zwischenstopps in Vierteln, die irisch, lateinamerikanisch oder chinesisch geprägt sind. Weltweit bekannt ist Queens für das Tennisturnier US Open, das alljährlich ausgetragen wird und beispielsweise von Steffi Graf und Angelique Kerber sowie Boris Becker gewonnen wurde. Reisende zieht es indes auch oft zum beliebtesten Wahrzeichen des Bezirks: zu einem überdimensionierten Globus im Flushing Meadows Corona Park.

Der Blick auf die Landkarte überrascht: Der 1898 eingemeindete Bezirk Queens reicht bis an den Atlantik und umfasst neben den Stränden im Jacob Riis Park auch das Naturschutzgebiet Jamaica Bay Wildlife Refuge Park. Auch zwei internationale Flughäfen – John F. Kennedy International Airport und LaGuardia Airport – zählen zu Queens. Somit bekommen viele Reisende zumindest bei der Fahrt im Taxi oder mit der U-Bahn einen Eindruck vom multikulturellen Flair. Noch besser aber ist es, hier einen ganzen Tag zu verbringen.

Unisphere im Flushing Meadows Corona Park

Queens

27. Long Island City: Künstler-Viertel mit Skyline-Blick
28. Subway Linie 7: der „International Express" unter den U-Bahnlinien
29. Flushing Meadows Corona Park: bekannt aus der Sport- und Filmwelt
30. Queens Night Market: Multikulti-Dining am Samstagabend
31. Jamaica Bay Wildlife Refuge: perfekt für Vogelfreunde
32. Jacob Riis Park: frische Meeresbrise in Queens

Queens

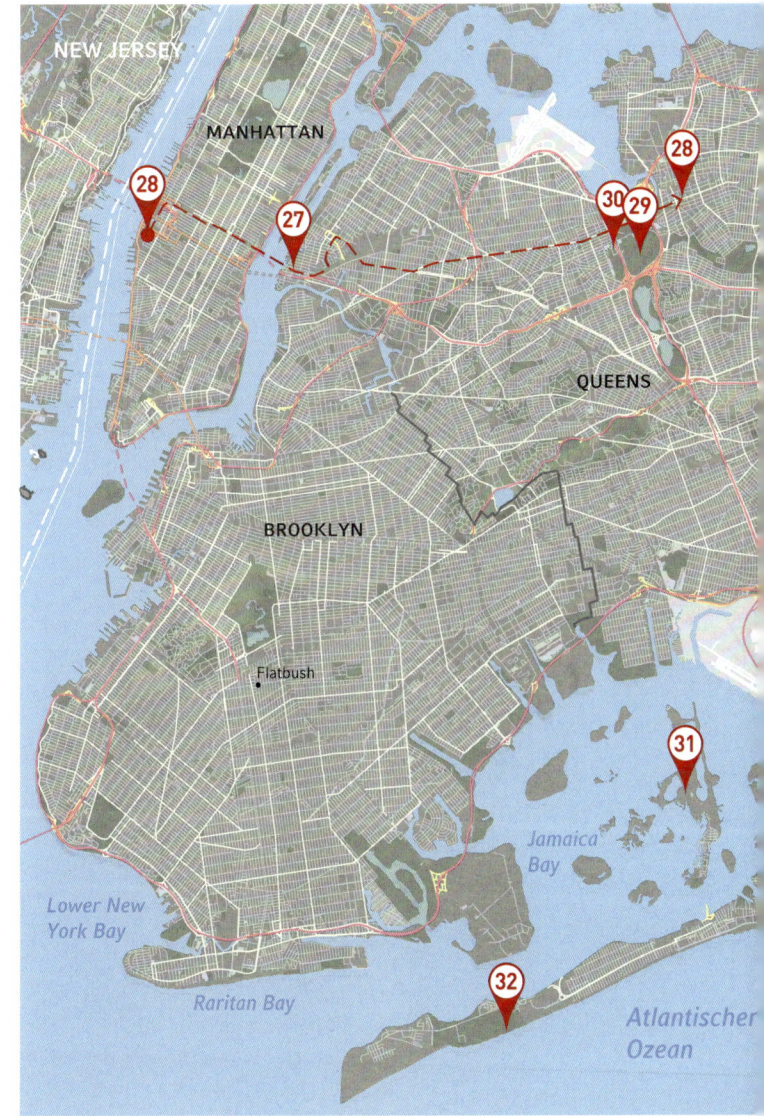

27. Long Island City: Künstler-Viertel mit Skyline-Blick

Die Gegensätze sind so schroff wie charmant: Alte Fabrikgebäude und moderne Wohnhäuser stehen in Long Island City dicht an dicht. Das Viertel im westlichen Queens, direkt am East River gelegen, hat sich noch nicht allzu sehr auf der touristischen Landkarte etabliert. Die Gegend punktet mit viel zeitgenössischer Kunst und bodenständiger Lebensart. Ein Spaziergang führt von der Außenstelle des Museum of Modern Art zu einem der schönsten Parks am East River – Fotospot mit Blick auf Manhattan inklusive.

Hier in Long Island City fühlt sich Manhattan weit weg an – obwohl das pulsierende Herz der Metropole nur ein paar Hundert Meter entfernt auf der anderen Seite des East River liegt. Ähnlich wie der benachbarte Stadtteil Greenpoint im Bezirk Brooklyn (siehe Seite 136) erlebt auch dieses Viertel einen noch vor wenigen Jahren nicht

Entspannen mit Skyline-Blick

für möglich gehaltenen Aufschwung. Dennoch sind die Preise in Restaurants ebenso wie in den Hotels noch um einiges günstiger. Davon profitieren die Touristen – und die Mieten, was die alteingesessenen Bewohner des Viertels erfreut. Und das, obwohl man mit der Subway in wenigen Minuten wieder in Manhattan ist.

Wann der Aufschwung des Stadtteils (nicht zu verwechseln mit der weiter östlich gelegenen Insel Long Island in New York State) begann, ist heute nur noch schwer zu rekonstruieren. Fest steht: Anfang der 1970er-Jahre zogen die ersten Unternehmen ins nördliche Queens, legten die Basis für eine wirtschaftlich positivere Zukunft und verdrängten allmählich die einst mehr als 1400 Fabriken. Zu den bekanntesten Adressen zählen heute die Silvercup Filmstudios, in denen einst die Serie „Sex and the City" produziert wurde, sowie die größte Glückskeksfabrik der USA des Glückskeks-Weltmarktführers Wonton Food. Auch der Klavierbauer Steinway & Sons verbindet seine Historie mit LIC, wie die Gegend gern verkürzt genannt wird.

Blick von Manhattan über den East River nach Long Island City

Spätestens aber mit der Wiedereröffnung des MoMA PS1 im Jahr 1997 und der Partnerschaft mit dem Museum of Modern Art im Jahr 2000 begann langsam die neue Blütezeit des Stadtteils. MoMA PS1 ist die älteste und größte Institution für zeitgenössische Kunst in den USA. Mittlerweile zählt der Bau mit seinen Ausstellungen zu moderner experimenteller Kunst zum Pflichtprogramm für Kulturfans. Für sie lohnt sich auch ein Besuch des nahen Socrates Sculpture Park am East River. Bekannt ist Long Island City zudem für seine Graffitis, auch wenn das ehemals berühmteste Graffiti-Kunstwerk, 5Pointz, im Jahr 2013 über Nacht weiß gestrichen wurde und später einem modernen Wohnblock weichen musste.

Charakteristisch für Long Island City ist, dass dieser Stadtteil – anders als beispielsweise das als besonders hip geltende Williamsburg – seinen ursprünglichen Charme zu bewahren versucht. Und so sind in alten Industriebauten noch immer häufig junge unkonventionelle Künstler mit ihren Galerien sowie eine Gastro-Szene jenseits des Mainstreams anzutreffen. Zu einem Spaziergang durch das Viertel, der beim MoMA PS1 beginnen oder enden könnte, zählt daher unbedingt auch ein Stopp bei der kleinen Rockaway Brewing Company, die sich als Craft Brewery etabliert hat. Wer es statt einfach-gemütlich doch lieber hip mag, wählt das Ravel Hotel mit seiner Dachterrasse inklusive Pool, eines von mittlerweile mehreren Designhotels in der Gegend. Und nicht vergessen: Bei einem Rundgang lohnt auch immer wieder ein Blick oder Schlenker in die Nebenstraßen oder Hinterhöfe.

Beliebtes Fotomotiv am East River

Zum Abend hin zieht es alle – Einheimische wie Touristen – hinunter ans Ufer des East River. Der Gantry Plaza State Park ist heute beliebte Promenade und Naherholungsstätte. An seine industrielle Vergangenheit erinnern indes die historischen Brückenkräne mit dem großen Schild „Long Island". Bekannt ist auch die Leuchtreklame für eine Limonadenmarke, die hier einst abgefüllt wurde. Zwischen den beiden Wahrzeichen erstreckt sich der Park mit Sitzgelegenheiten, Spielplatz und Basketballplatz. Bei auswärtigen Besuchern ist dieser Part von Long Island City der beliebteste: Hier eröffnet sich ein sehenswerter Blick auf Midtown Manhattan mit dem Hauptquartier der Vereinten Nationen und dem Empire State Building sowie Roosevelt Island (siehe Seite 78). Der beste Zeitpunkt für einen Besuch ist entweder morgens, wenn die Sonne die Gebäude auf der anderen Flussseite anstrahlt, oder abends zum Sonnenuntergang.

Die Kräne erinnern an die Vergangenheit als Industriestandort.

INFO

Lage: Long Island City ist der westlichste Stadtteil von Queens und grenzt an Brooklyn sowie den East River mit dem Gantry Plaza State Park.

Anfahrt: Long Island City ist am einfachsten mit der Subway-Linie 7 (beispielsweise ab Grand Central Terminal) zu erreichen. Die Haltestelle Court Square liegt am nächsten zum MoMA PS1. Der Gantry Plaza State Park ist über die Station Vernon Boulevard-Jackson Avenue erreichbar. Außerdem legen am Park regelmäßig Fähren der Astoria-Linie an; *ferry.nyc/routes-and-schedules/route/astoria*

Öffnungszeiten: Der Gantry Plaza State Park ist täglich von 8 bis 22 Uhr zugänglich.

Aktivitäten: Das MoMA PS1 ist täglich außer dienstags und mittwochs von 12 bis 18 Uhr geöffnet (samstags bis 20 Uhr); *momaps1.org*. Der Socrates Sculpture Park ist täglich von 9 Uhr morgens bis Sonnenuntergang kostenlos zugänglich; *socratessculpturepark.org*. Die Rockaway Brewing Company ist täglich ab 15 Uhr geöffnet (am Wochenende ab 12 Uhr); *rockawaybrewco.com*

Website: *parks.ny.gov/parks/149/details.aspx*

28. Subway Linie 7: der „International Express" unter den U-Bahnlinien

Menschen aus mehr als 100 Staaten haben in Queens ihre Heimat, mehr als 800 Sprachen werden hier gesprochen. Fast jeder zweite der hier lebenden Menschen wurde außerhalb der USA geboren. Somit ist der flächenmäßig größte Stadtbezirk New Yorks wohl auch Spitzenreiter hinsichtlich seiner ethnischen Vielfalt. Eine Fahrt mit der Subway-Linie 7, die quer durch Queens führt, gleicht daher einer Reise um die Welt.

Ausgangspunkt für eine Multikulti-Tour mit der Subway ist der vergleichsweise neue, hypermoderne Gebäudekomplex Hudson Yards, bekannt für sein futuristisches Kunstwerk The Vessel. Nach der Abfahrt an der Station 34 Street-Hudson Yards und weiteren Stopps in Manhattan – unter anderem am Times Square und am Grand Central Terminal – ist schnell der größte Stadtteil New Yorks erreicht. 18 der insgesamt 22 Stationen des „International Express" liegen östlich des East River – und zwar allesamt oberirdisch, sodass sich stets ein interessanter Ausblick eröffnet.

Als erster Stopp auf der „Weltreise im Zug" bietet sich die Station 74 Street-Broadway an. In der Umgebung des großen, modernen Umsteigebahnhofs, genannt Jackson Heights, fühlt es sich fast wie in Indien an. Passenderweise sind die umliegenden Straßen und Häuserblocks auch als „Little India" bekannt. Gewürze und Gotterstatuen sind hier in kleinen Geschäften zu bekommen ebenso wie indische Brautmode. Dazwischen duftet es köstlich nach Currys;

Mit der Subway-Linie 7 von Manhattan ins multikulturelle Queens

Restaurants bieten indisches Essen an. Neben Einflüssen aus Indien lässt sich hier auch ein kleiner Einblick in das Leben von Einwanderern aus anderen asiatischen Ländern nehmen, vor allem solchen aus Pakistan, aber auch aus Nepal und Myanmar.

Das westlich geprägte Amerika fühlt sich hier weit weg an.

Von Little India aus ist es dann in die Karibik nur eine kurze Fahrt – zumindest wenn man mit der Linie 7 in Queens unterwegs ist. Die Straßenzüge an der Station Roosevelt Avenue-Junction Boulevard sind fest in lateinamerikanischer Hand. Während eben noch Hindi die vorherrschende Sprache in den Straßen war, sind nun Spanischkenntnisse hilfreich. Karibische Küche wird in Lokalen und an Straßenständen offeriert. Die ansässigen Händler von Lebensmitteln bis Spielwaren sowie die Mitarbeiter von Reinigungen, Fahrschulen und vielem mehr sprechen oftmals

Lateinamerikanisches Streetfood

eher Spanisch als Englisch. Die wuselige Atmosphäre wird durch die U-Bahn, die alle paar Minuten laut direkt über die Roosevelt Avenue rumpelt, noch angeheizt.

Letzter Stopp der 1915 eröffneten Linie 7 ist schließlich „Chinatown", nachdem vorher noch das Arthur Ashe Stadium, Spielstätte des Tennisturniers US Open, und der Flushing Meadows Corona Park (siehe Seite 158) passiert werden. Die Endhaltestelle der Linie 7, Flushing-Main Street, bildet das Zentrum der chinesischen und koreanischen Gemeinde von Queens. Die hiesige Szenerie wirkt wesentlich authentischer als Manhattans Chinatown, auch

Bunte Auslagen und ...

... Kulinarik wie in Shanghai

wenn die Gegend um die Canal Street in Manhattan als größte Ansammlung von Chinesen in der westlichen Hemisphäre gilt. Doch während sich in Manhattan täglich Tausende Touristen unter die geschätzt 150.000 Chinesen mischen, lässt sich hier in Queens die Zahl der Besucher aus aller Welt fast schon an einer Hand abzählen. Teigtaschen (Dumplings), Pekingente und andere typisch chinesische Delikatessen können an vielen Ständen probiert werden. Fisch, Meeresfrüchte sowie exotisch wirkendes Obst und Gemüse bieten Händler direkt am Straßenrand an, während chinesische Schriftzeichen die Szenerie beherrschen. Massagesalons und Läden mit Heilmitteln der Traditionellen Chinesischen Medizin dürfen natürlich auch nicht fehlen, während Souvenirs kaum zu finden sind (anders als in Manhattans Chinatown). Hier im Herzen von Queens fühlt es sich eher an wie in Shanghai.

Die Fahrt zurück in die „westliche Welt" von Manhattan dauert dann rund 45 Minuten. Wer auf der Rückfahrt zwischendurch noch mehr Lust auf andere Kulturen und kulinarische Einflüsse hat, kann orientalisches Flair rund um den Bahnhof 46 Street erleben. Wem hingegen nach so vielen Eindrücken der Sinn mehr nach einem kühlen Bier und europäischen Gepflogenheiten steht, steigt an der Station 33 Street aus. Hier haben sich einige irische Pubs, auch mit Livemusik, angesiedelt.

Chinesische Küche auf wirklich traditionelle Art genießen Besucher in Queens.

INFO

Lage: Die Subway-Linie 7 mit 22 Bahnhöfen fährt in 45 Minuten von Manhattan bis zur Endhaltestelle in Queens. Achtung: Wie auf anderen Linien verkehren auch hier sogenannte Expresszüge, die nicht an allen Stationen halten.

Anfahrt: Am besten ist die Linie 7 an den Umsteigebahnhöfen Times Square und Grand Central Terminal erreichbar.

Kosten: Eine Einzelfahrt mit der Subway kostet 2,75 USD. Tageskarten sind nicht erhältlich, aber 7-Tages-Tickets für 33 USD.

Aktivitäten: Eine Fahrt mit der Linie 7 lässt sich mit einem Besuch des Flushing Meadows Corona Park (siehe Seite 158), dem Queens Botanical Garden und dem Queens Zoo sowie an Samstagen mit dem Queens International Night Market (siehe Seite 162) verbinden. Gemeinsam mit einem Guide der Big Apple Greeter (siehe Seite 86) ist eine Entdeckungstour ebenfalls möglich.

Website: *new.mta.info*

29. Flushing Meadows Corona Park: bekannt aus der Sport- und Filmwelt

Sein Wahrzeichen ist weithin bekannt: Ein mächtiger, 43 Meter hoher Globus, genannt Unisphere, ist wohl die beliebteste Attraktion des Flushing Meadows Corona Park in Queens und zugleich auch ein Wahrzeichen für den gesamten Stadtteil. Doch Flushing Meadows, wie die größte Grünanlage des Bezirks oft verkürzt genannt wird, ist auch Sportfreunden ein Begriff: Im angrenzenden USTA Billie Jean King National Tennis Center mit dem Arthur Ashe Stadium werden alljährlich im Spätsommer die US Open ausgetragen. Und das Baseballteam der New York Mets hat mit dem Citi Field sein Stadion ebenfalls auf dem Parkgelände.

Mächtiges Bauwerk als Blickfang der Grünanlage: der 43 Meter hohe Globus namens Unisphere

Doch wenn nicht gerade eines der Sportereignisse stattfindet, ist die weitläufige Anlage ein echter Ruhepol. Selbst an heißen Tagen ist Flushing Meadows bei Weitem nicht so bevölkert wie der Central Park. Unabhängig vom Wetter ist The Unisphere, der 350 Tonnen schwere Koloss aus Stahl, ein beliebtes Fotomotiv – für verliebte Paare gleichermaßen wie für ein Selfie für jedermann. Die Skulptur gilt als Friedenssymbol und soll daran erinnern, dass die Bewohner von Queens aus aller Herren Länder stammen. Der Globus ist ein Überbleibsel der Weltausstellung von 1964/65 ebenso wie die drei bis zu 69 Meter hohen Observatory Towers. Sie wurden dank Will Smith und seines Films „Men in Black" bekannt. Diese sollen modernisiert werden und bald in neuem Glanz erstrahlen – wie möglicherweise auch der New York State Pavilion. In dem mächtigen Klotz aus Glas und Beton, dem einstigen Heliport, ist heute eine Eventlocation untergebracht: Terrace on the Park wird vor allem von Hochzeitspaaren gern genutzt.

Kurz im Film „Men in Black" zu sehen: die Observatory Towers

Die Weltausstellung 1964/65 war schon die zweite, die auf dem 3,6 Quadratkilometer großen Areal stattfand. Denn ursprünglich war der Park für die Weltausstellung 1939/40 angelegt worden. Dafür wurde damals eigens ein großes Sumpfgebiet trockengelegt. Der Name Flushing ist die englische Übersetzung der niederländischen Stadt Vlissingen, aus der die ersten Siedler der Region stammten.

Der Park mit seinen zwei kleinen Seen, die mit dem Long Island Sound verbunden sind, bietet weit mehr als nur das Unisphere sowie die zahlreichen weiteren Monumente und Statuen. So können Besucher beispielsweise Fahrräder sowie Kajaks und Tretboote für eine Tour über den Meadow Lake mieten. Hier im weiten Grün ist auch schnell vergessen, dass der Park teils von Schnellstraßen und Bahngleisen durchschnitten und von großen Parkplätzen des Stadions umgeben ist. Im Park bieten verschiedene Stände und Restaurants Snacks und Erfrischungen. Hinzu kommen zahlreiche Sportfelder sowie eine Eislauffläche, ein Golf Center und eine Minigolfanlage. Flugzeugfans und Plane-Spotter sollten indes die Flushing Bay Promenade am nördlichen Parkende (hinter dem Baseballstadion) ansteuern: Von der Promenade fällt der Blick über die Bucht und weiter auf den Flughafen La Guardia.

Überdies ist der Flushing Meadows Corona Park ein guter Ausgangspunkt für viele weitere Sehenswürdigkeiten: Direkt an den

Wassersport im Flushing Meadows Corona Park

flächenmäßig viertgrößten Park New Yorks grenzt beispielsweise das Queens Museum. Die ehemalige Ausstellungshalle informiert unter anderem über die Geschichte der Stadt und des Bezirks. Bekanntestes Exponat ist wohl ein dreidimensionaler Miniaturnachbau (Maßstab 1:200) von Big Apple aus dem Jahr 1964, genannt „Panorama of the City of New York". Das Gebäude war zwischenzeitlich auch Sitz der Vereinten Nationen, bevor deren heutige Hauptverwaltung in Manhattan (siehe Seite 46) fertiggestellt wurde. Vor allem für Familien lohnt ein Abstecher in den kleinen Queens Zoo, ebenfalls im westlichen Parkteil. Als sehenswert gilt auch der Queens Botanical Garden am östlichen Ende des Geländes.

> **INFO**
>
> **Lage:** Flushing Meadows Corona Park, Queens, NY 11368
>
> **Anfahrt:** Die Station Mets-Willets Point der Subway-Linie 7 (siehe auch Seite 154) liegt inmitten des Parks zwischen dem Citi Field Stadium (*mlb.com*) und dem Tennisstadion (*usta.com*). Dort hält auch die Long Island Rail Road. Näher zum südwestlichen Eingang (unter anderem mit dem Queens Museum) ist die Station 111 Street der Linie 7. Bis zum Meadow Lake läuft man jeweils rund 30 Minuten.
>
> **Öffnungszeiten:** Jederzeit zugänglich
>
> **Aktivitäten:** Fahrräder sowie Kajaks und Tretboote können bei Wheel Fun Rentals gemietet werden werden (im Winter geschlossen); *wheelfunrentals.com/ny/queens/flushing-meadows-corona-park-on-north-meadow-lake*. Das Queens Museum ist von Mittwoch bis Sonntag geöffnet; *queensmuseum.org*. Der kleine Queens Zoo ist täglich zugänglich; *queenszoo.com*. Der Queens Botanical Garden auf der östlichen Parkseite ist dienstags bis sonntags geöffnet (montags nur an Feiertagen); *queensbotanical.org*. Zwischen Mitte April und Ende Oktober findet an vielen Samstagen der Queens International Night Market (siehe Seite 162) statt.
>
> **Website:** *nycgovparks.org/parks/flushing-meadows-corona-park*

30. Queens Night Market: Multikulti-Dining am Samstagabend

Nachtmärkte sind vor allem aus asiatischen Ländern bekannt. Legendär beispielsweise sind der Temple Street Night Market in Hongkong oder der Patpong Night Market in Bangkok, wo allabendlich einheimische Gerichte sowie Waren aller Art feilgeboten werden. Das Flair eines solchen nächtlichen Straßenbasars lässt sich mittlerweile auch in New York erleben: An nahezu jedem Samstag zwischen April und Oktober zieht es durchschnittlich mehr als 10.000 Menschen in den Flushing Meadows Corona Park in Queens (siehe auch Seite 158).

Saté-Spieße sind sehr beliebt.

Von südamerikanischen Empanadas bis zu Dumplings aus Tibet: Wer hier auf dem Queens International Night Market hungrig bleibt, ist selbst schuld. An manchen Tagen bieten mehr als 50 Stände Spezialitäten aus aller Welt an, passend zur multikulturellen Atmosphäre, für die Queens ohnehin bekannt ist. Nirgendwo anders in New York – vermutlich sogar an der ganzen Ostküste – lassen sich Gerichte aus unterschiedlichen Erdteilen so gut probieren wie hier. Obwohl durchaus beispielsweise auch osteuropäische und skandinavische Köstlichkeiten angeboten werden, dominieren asiatische und lateinamerikanische Gerichte den Markt. Dank der großen Vielfalt bei günstigen Preisen können Besucher sich hier für unter 30 Dollar ein multikulturelles Fünf-Gänge-Menü individuell zusammenstellen.

Ziel des Marktes sei es, den Menschen in New York die traditionellen Spezialitäten aus der Heimat der Bewohner näherzubringen, sagte der Initiator des Marktes, John Wang, einst der Tageszeitung New York Times. Es gehe ihm

Besucher erleben ...

... eine kulinarische Reise ...

... rund um die Welt.

Auch portugiesische Süßspeisen werden auf dem Queens Night Market angeboten.

aber nicht darum, den nächsten kulinarischen Trend zu entdecken.

Überdies bieten noch mehr als 20 weitere Händler Waren aller Art an. Der Schwerpunkt liegt hier eindeutig auf Kunsthandwerk, ebenfalls aus unterschiedlichen Regionen der Welt. Unterdessen sorgen immer wieder Künstler für ein munteres Unterhaltungsprogramm und runden das Happening am Samstagabend ab, während langsam die Sonne untergeht.

Mehr als 70 Stände umfasst der Nachtmarkt nach asiatischem Vorbild.

INFO

Lage: 4701 111th Street, Corona, NY 11368; hinter der New York Hall of Science am Rande des Flushing Meadows Corona Park

Anfahrt: Mit der Subway 7 (siehe auch Seite 154) bis zur Station 111 Street, dann zu Fuß ein paar Minuten gen Süden

Öffnungszeiten: Der Queens International Night Market findet im Regelfall zwischen Juni und Ende Oktober jeden Samstag statt. Rund um das Tennisturnier US Open im nahen Tennisstadion pausiert der Markt jedoch einige Samstage. Der Basar beginnt um 18 Uhr und endet um Mitternacht.

Aktivitäten: Der Queens Night Market bildet den idealen Abschluss für einen Ausflug in den Flushing Meadows Corona Park (siehe Seite 158). Zusätzlich locken ein Besuch des Queens Museum (*queensmuseum.org*) oder des Queens Botanical Garden (*queensbotanical.org*), beide auch samstags geöffnet.

Website: *queensnightmarket.com*

31. Jamaica Bay Wildlife Refuge: perfekt für Vogelfreunde

Obwohl am Horizont die Wolkenkratzer Manhattans schimmern und immer wieder startende respektive landende Flugzeuge die Ruhe durchbrechen, kommen in Sichtweite des John F. Kennedy Airport Naturliebhaber und Vogelkundler auf ihre Kosten. Das Jamaica Bay Wildlife Refuge ist eine stadtweit einzigartige Oase und ein guter Zufluchtsort für von der Großstadt gestresste Urlauber, die eine Alternative zur Erholung an einem der Strände suchen.

Das Schutzgebiet – um ein Vielfaches größer als der Central Park – ist bekannt für seine weiten Marsch- und Feuchtgebiete. Hierin fühlen sich allein mehr als 300 Vogelarten wohl und machen es zu einem der wichtigsten Habitate im Nordosten der USA. Zwei ausgewiesene Wege starten direkt am Besucherzentrum, wobei der etwa 90-minütige Rundgang um den West Pond besonders beeindruckend ist. Hier fällt der Blick auf kleine Süßwasserteiche, Salzwiesen, Dünen und Wälder, während in weiter Ferne bei guter Sicht die Skyline zu sehen ist.

Ganzjährig besteht die Chance, Vögel in ihrem natürlichen Lebensraum zu beobachten. Dazu zählen im Frühjahr beispielsweise der American Oystercatcher (Braunmantel-Austernfischer) sowie im Herbst der Stilt Sandpiper (Bindenstrandläufer). Und nirgendwo anders in der Metropole stehen die Chancen höher, den Tricolored Heron (Dreifarbenreiher) zu erspähen. Gerade im Mai staunen Besucher über ganze Vogelschwärme, ebenso über rund 70 Arten von Schmetterlingen im Spätsommer und Herbst. Es lohnt in jedem Fall, vor Beginn

Spaziergang am West Pond

Biotop am Rande der Millionenmetropole

Schildkröte am Wegesrand

einer Tour über einen der insgesamt acht Kilometer langen Wanderwege im Besucherzentrum nach den aktuellen Wildlife-Sichtungen zu fragen. Hier können auch kostenlos Ferngläser ausgeliehen werden.

Doch das Jamaica Bay Wildlife Refuge ist mehr als nur ein Vogelschutzgebiet. Bei einem Spaziergang kreuzt nicht selten auch eine Schildkröte den Weg der Erholungsuchenden. Auch kleine Säugetiere wie Waschbären sind zugegen. Im Winter wiederum gelten die mehr als 700 Schneegänse als heimliche Stars des Habitats. Im Frühling lassen überdies Hunderte blühende Wildblumen das Areal farbenfroh leuchten.

Am Horizont schimmert die Skyline.

Das 1972 gegründete Schutzgebiet als Teil der sogenannten Jamaica Bay Unit zählt zur Gateway National Recreation Area, die mehrere ökologisch und kulturell bedeutende Stätten im Großraum New York schützt. Dazu zählt beispielsweise auch die Halbinsel Sandy Hook vor der Küste von New Jersey (siehe auch Seite 232. Das Jamaica Bay Wildlife Refuge ist überdies das einzige Naturschutzgebiet, das von der Nationalparkverwaltung NPS verwaltet wird – alle anderen unterstehen dem U.S. Fish and Wildlife Service.

Beliebter Spot für Fotografen

INFO

Lage: 175-10 Cross Bay Boulevard, Broad Channel, NY 11693; auf einer Insel zwischen Howard und Rockaway Beach

Anfahrt: Mit der Subway-Linie 7 bis zur Station 74 Street-Broadway, dann weiter mit dem Bus Q53 Richtung Rockaway Park

Öffnungszeiten: Das Schutzgebiet ist ganzjährig zwischen Sonnenaufgang und -untergang zugänglich.

Kosten: Keine

Aktivitäten: Das Besucherzentrum mit zahlreichen Informationen zu Fauna und Flora ist täglich von 9 bis 17 Uhr geöffnet; zwischen Mitte November bis Labor Day nur samstags und sonntags zwischen 10 und 16 Uhr.

Website: *nps.gov/gate/learn/historyculture/jamaica-bay-wildlife-refuge.htm*

32. Jacob Riis Park: frische Meeresbrise in Queens

New York punktet mit so vielen Stränden wie kaum eine Megacity. Aber nur im Jacob Riis Park fühlt es sich wirklich so an, als würden die Wellen des Atlantiks sanft an einen einsamen Ort irgendwo an der Ostküste rollen. Denn anders als an Brooklyns Coney Island Beach oder am South Beach von Staten Island beginnt hier die urbane Bebauung nicht direkt am Strand. Da der Park auf der Rockaway Peninsula ein Stück weit abseits liegt, ist das entspannende Urlaubsgefühl gleich noch höher. Wer hier an der Küste von Queens steht, nimmt die Metropole nicht mehr wahr. Mehr noch: An manchen Tagen können sogar Wale vom Strand aus beobachtet werden.

Art-déco-Architektur am Strand des Jacob Riis Park

Der Park ist dank des 1932 errichteten Badehauses bereits von Weitem erkennbar. Das Art-déco-Gebäude verleiht dem Areal einen besonderen Charme, irgendwo zwischen glanzvoller Vergangenheit und morbider Gegenwart. Die zugehörigen Gebäude werden zwar heute noch genutzt, haben aber sichtbar ihre beste Zeit hinter sich. Das stört jedoch nur bedingt, denn immerhin können an den Ständen Getränke und Snacks erworben oder Sonnenschirme geliehen werden. Auch Duschen und Toiletten finden sich hier. Hauptattraktion ist ohnehin der weite Strand, der sich über mehrere Kilometer zieht. Weiter nördlich schließt sich der Rockaway Beach an. Dieser gilt als längster City-Strand der USA und wurde einst dank der vielen Einwanderer aus Irland auch „Irish Riviera" genannt.

Blickfang am Beach

Der Jacob Riis Park ist ein idealer Platz für einen Ausflug aus der Innenstadt – und gerade an Werktagen wenig bevölkert. Parallel zum Strand verläuft eine breite Promenade, die zu Spaziergängen mit frischer Meeresluft einlädt. Wem das Strandleben zu langweilig ist, kann sich auf den angrenzenden Sportplätzen austoben. Familien erfreuen sich an den Picknicktischen mit Meerblick. Ursprünglich als Seaside Beach im Jahr 1912 gegründet, erhielt das Areal schon zwei Jahre später seinen heutigen Namen. Dieser erinnert an den aus Dänemark stammenden Journalisten Jacob Riis, der vor allem das Leben der ärmeren Bevölkerung dokumentierte.

Direkt an den Park, der zur Gateway National Recreation Area gehört, grenzt das bis zum Jahr 2014 militärisch genutzte Fort Tilden. Die Freiflächen mit einigen Sportanlagen können heute besichtigt und genutzt werden, mehr jedoch nicht. Ein Besuch lohnt sich daher nur für Reisende mit großem Interesse an Militärgeschichte. Zum Atlantik hin erstreckt sich der gleichnamige Strand. Doch Fort Tilden Beach ist schwerlich erreichbar und bietet keinerlei Infrastruktur.

Sonnenbaden schon Anfang Juni

Touristen sind hier eher selten anzutreffen.

INFO

Lage: 157 Rockaway Beach Boulevard, Rockaway Park, NY 11694; auf der Rockaway Peninsula in Queens

Anfahrt: Nächstgelegene Subway-Station ist Rockaway Park-Beach 116 Street (Linien A und S), von dort weiter mit dem Bus (Q22 und Q35). Oder mit der Rockaway Ferry ab Pier 11/Wall Street in 54 Minuten nach Rockaway und dann weiter mit dem kostenlosen Shuttlebus; *ferry.nyc/routes-and-schedules/route/rockaway*

Öffnungszeiten: Die Promenade ist ganzjährig zwischen zwischen 6 und 22 Uhr zugänglich. Zwischen Memorial Day und Labor Day sind täglich zwischen 10 und 18 Uhr Rettungsschwimmer anwesend.

Kosten: Kostenlos. Für einen Parkplatz werden 10 USD fällig.

Aktivitäten: Auf dem nahen Floyd Bennett Field findet sich ein kleiner Campingplatz mit Platz für 32 Zelte und zwölf Wohnmobile für 30 USD pro Nacht und Stellplatz; *recreation.gov/camping/campgrounds/233309*. Zwischen Jacob Riis Park und Fort Tilden liegt ein täglich geöffneter 18-Loch-Golfplatz; *nps.gov/gate/planyourvisit/thingstodojamaicabay.htm*

Website: *nps.gov/gate/learn/historyculture/jacob-riis-park.htm*

THE BRONX

Ein Wahrzeichen der Bronx: Im Yankee Stadium trägt das Baseballteam New York Yankees seine Heimspiele aus.

City Island

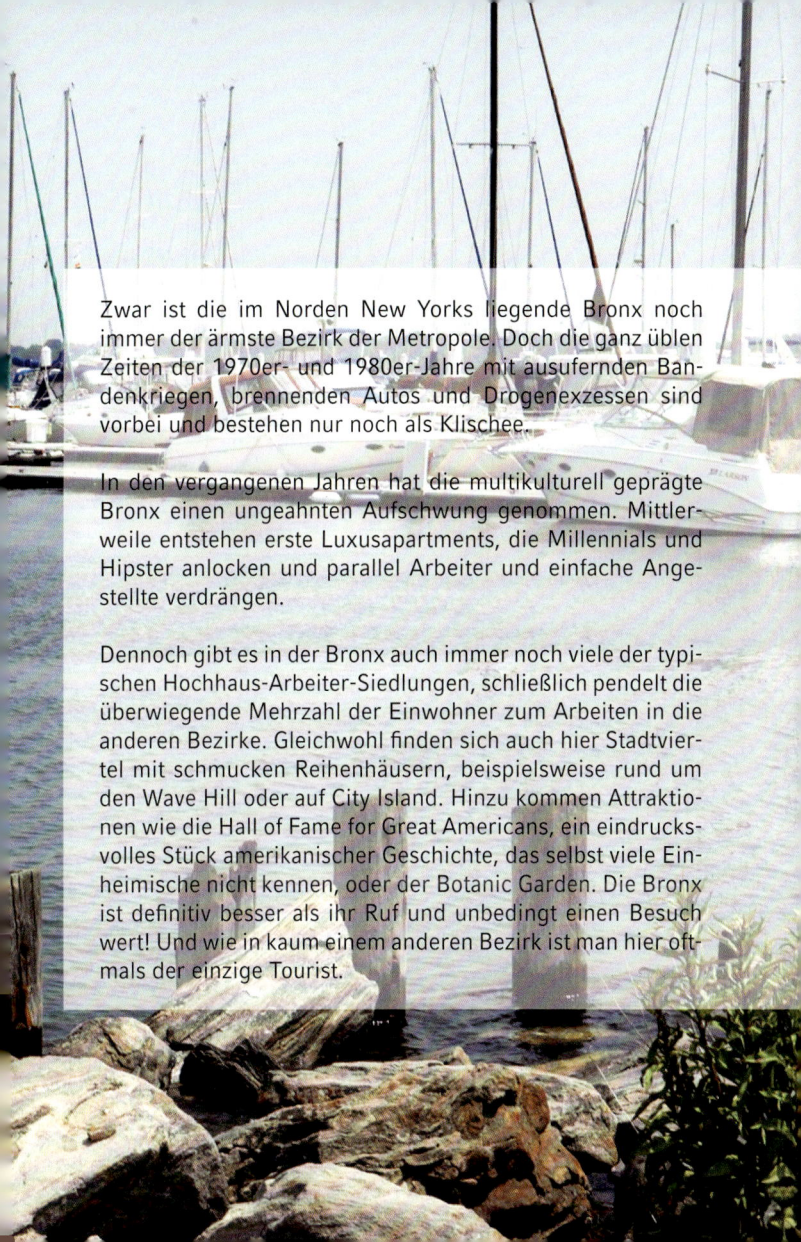

Zwar ist die im Norden New Yorks liegende Bronx noch immer der ärmste Bezirk der Metropole. Doch die ganz üblen Zeiten der 1970er- und 1980er-Jahre mit ausufernden Bandenkriegen, brennenden Autos und Drogenexzessen sind vorbei und bestehen nur noch als Klischee.

In den vergangenen Jahren hat die multikulturell geprägte Bronx einen ungeahnten Aufschwung genommen. Mittlerweile entstehen erste Luxusapartments, die Millennials und Hipster anlocken und parallel Arbeiter und einfache Angestellte verdrängen.

Dennoch gibt es in der Bronx auch immer noch viele der typischen Hochhaus-Arbeiter-Siedlungen, schließlich pendelt die überwiegende Mehrzahl der Einwohner zum Arbeiten in die anderen Bezirke. Gleichwohl finden sich auch hier Stadtviertel mit schmucken Reihenhäusern, beispielsweise rund um den Wave Hill oder auf City Island. Hinzu kommen Attraktionen wie die Hall of Fame for Great Americans, ein eindrucksvolles Stück amerikanischer Geschichte, das selbst viele Einheimische nicht kennen, oder der Botanic Garden. Die Bronx ist definitiv besser als ihr Ruf und unbedingt einen Besuch wert! Und wie in kaum einem anderen Bezirk ist man hier oftmals der einzige Tourist.

THE BRONX

33. Wave Hill: Parkanlage und Arboretum entlang des Hudson River
34. Hall of Fame for Great Americans: Ruhmeshalle zu Ehren verdienter Amerikaner
35. New York Botanical Garden: mehr als eine Million Pflanzen
36. Orchard Beach und City Island: Perlen der Bronx

THE BRONX

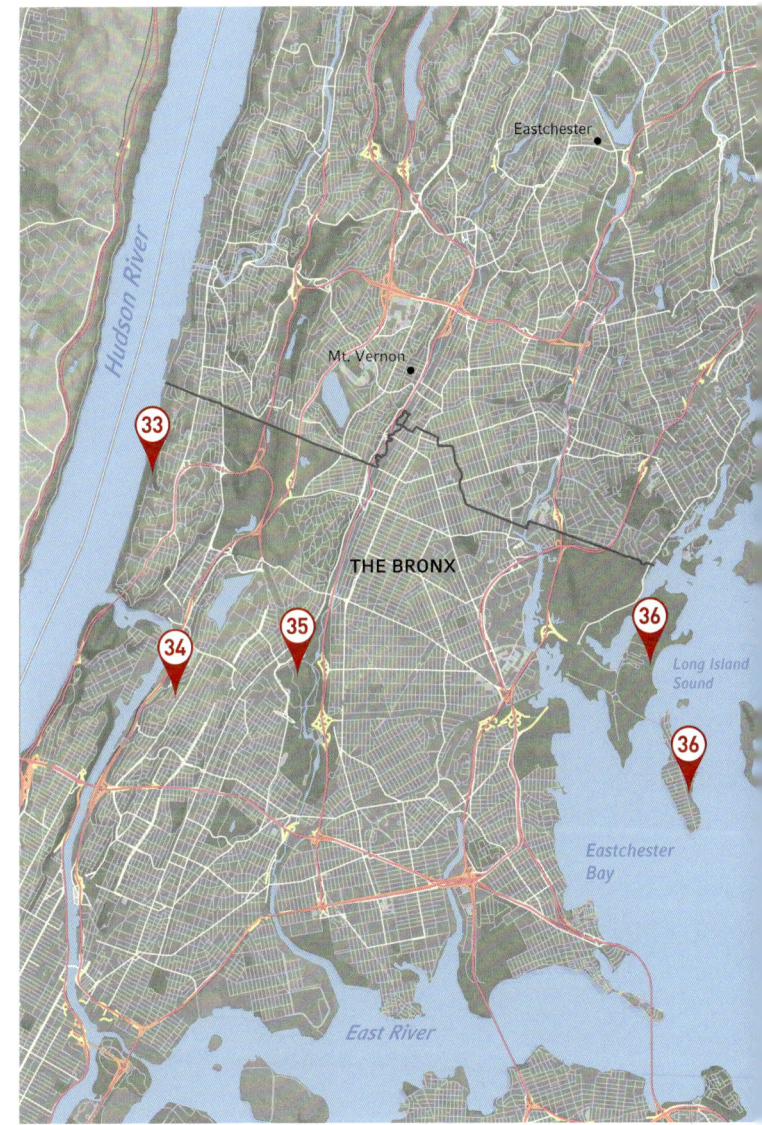

33. Wave Hill: Parkanlage und Arboretum entlang des Hudson River

Wer erleben möchte, wo New Yorker ihren Familienbrunch an Feiertagen – eine der amerikanischen Traditionen – einnehmen, sollte den Weg ganz in den Norden des Big Apple nehmen: The Café at Wave Hill am Rande der Bronx zählt zu den beliebtesten Adressen für einen Brunch am Muttertag oder ähnlich bedeutenden Anlässen. Doch auch ohne Feiertag sind das Café im Stadtteil Riverdale und vor allem der angrenzende Wave Hill Park zu jeder Jahreszeit einen Ausflug wert.

Sanft schlängelt sich der Wave Hill Park entlang des Hudson River. Von der weiten Terrasse, Kerlin Overlook, geht der Blick über den Fluss hinüber nach New Jersey. Die dortige Steilküste

Flower Garden

aus Basaltgestein, The Palisades, zieht sich über viele Kilometer. Doch diese traumhafte Aussicht ist bei Weitem nicht die einzige Attraktion. Vor allem punktet der Park mit wahrlich idyllischer Ruhe, hier im Norden von New York. Gerade einmal 65.000 Besucher kommen alljährlich in die elf Hektar große Anlage mit ihren vielen Gärten – verglichen mit angeblich täglich bis zu einer halben Million Menschen im Central Park (siehe Seite 82). Da fällt es leicht, einmal von der lauten und hektischen Großstadt abzuschalten. Denn so schön und weitläufig der Central Park – zu Recht „Grüne Lunge" genannt – auch ist, so ist dem

Aquatic Garden

Lärm der Metropole nicht zu entkommen. Hier an der Grenze der Bronx zum Westchester County fällt das nicht schwer.

Der Park umfasst insgesamt 15 unterschiedliche Bereiche. Dazu zählt beispielsweise der Aquatic Garden mit seinen Pflanzen, die aus den Tropen und den Wetlands bekannt sind. Sie sind dekorativ um einen kleinen See gruppiert, den Frösche und Fische in Beschlag nehmen. Eindrucksvoll sind auch die dichten Kiefern und norwegischen Fichten am Conifer Slope, die den Park zugleich zu einem Arboretum machen. Im Sommer spenden sie dringend gewünschten Schatten, an einem verschneiten Tag gleichen sie einem Winterwunderland. Nicht verpassen sollten Besucher, die halbe Meile durch den dichten Baumbewuchs in Abrons Woodland zu laufen und den Vögeln am Wegesrand und im Wald zu lauschen. An einen englischen Garten wiederum erinnert der Wild Garden mit schmalen Wegen durch wilde Pflanzen und mit Flussblick. Gerade als Abschluss bieten sich ruhige Minuten in der Pergola an, einer tropischen Oase ähnelnd und ebenfalls mit einem beeindruckenden Blick auf den Hudson River und die Steilküste, die manche durchaus schon einen Canyon nennen. Zwei Rundwege (Self-Guided Tours) führen durch den Park und bieten einen guten Überblick.

Sitzgelegenheiten finden sich überall im Park. Liegedecken sowie Lebensmittel sind hingegen verboten – außer in der ausgewiesenen Picknickecke. Denn auch für ein Picknick ist das Ambiente wie gemacht – falls man nicht ohnehin im Café im historischen Gebäude von 1843 (nach einem Brand 1927 wieder aufgebaut) einkehrt. Auf dem Gelände finden überdies regelmäßig Veranstaltungen aller Art statt.

Pergola: verwunschener Platz mit Blick über den Hudson River

Der Park, verwaltet von der Stadt New York, wurde 1965 in seiner heutigen Form eröffnet. Zuvor wohnten auf dem Gelände vermögende Privatpersonen, die das Anwesen auch gern an Gäste vermieteten – beispielsweise an den populären Schriftsteller Mark Twain in den Jahren 1901 bis 1903, während der spätere US-Präsident Theodore Roosevelt als Junge in den Jahren 1870 und 1871 hier den Sommer mit seiner Familie verbrachte.

> **INFO**
>
> **Lage:** 675 W 252nd Street, The Bronx, NY 10471; im Norden von New York nah zur Stadtgrenze
>
> **Anfahrt:** Von der nächstgelegenen Subway-Station Van Cortlandt Park-242 Street (Endhaltestelle der Linie 1) sowie dem Bahnhof Riverdale Station der Hudson Line (Metro-North Railroad) fahren regelmäßig kostenlose Shuttlebusse.
>
> **Öffnungszeiten:** Ganzjährig Dienstag bis Sonntag von 10 bis 16:30 Uhr. Das Café ist von 10:30 bis 16 Uhr geöffnet.
>
> **Kosten:** Der Eintritt beträgt 10 USD für Erwachsene, 6 USD für Senioren und Studenten, 4 USD für Kinder. Donnerstags ist der Eintritt in den Park kostenfrei.
>
> **Aktivitäten:** Im Wave Hill Park werden geführte Touren angeboten. Zudem gibt es – passend zum Verlauf eines Gartenjahres – zahlreiche weitere Veranstaltungen im Park, unter anderem Lesungen, themenbezogene Touren durch den Park oder Workshops (auch für Kinder; *wavehill.org/visit/private-tours-events*). Ein Besuch des Wave Hill Park lässt sich gut mit dem Museum The Met Cloisters, einem Ableger des Metropolitan Museum of Art, kombinieren. Mit dem Taxi oder einem Mitfahrdienst wie Uber dauert die Fahrt nur gut 15 Minuten, hingegen aber rund 45 Minuten mit dem Bus; *metmuseum.org/visit/plan-your-visit/met-cloisters*.
> Empfehlung: erst Museumsbesuch, dann Ausflug ins Grüne.
>
> **Website:** *wavehill.org*

34. Hall of Fame for Great Americans: Ruhmeshalle zu Ehren verdienter Amerikaner

Was für Künstler der Walk of Fame in Hollywood und für Rock'n'Roll-Musiker die Rock and Roll Hall of Fame in Cleveland, Ohio, ist, stellt für verdiente Amerikaner die Ruhmeshalle

Auch viele New Yorker kennen die Ruhmeshalle in der Bronx nicht.

auf dem Gelände des Bronx Community College dar. Wer sich für Amerikas Geschichte und Zeitgeschichte interessiert, sollte die Hall of Fame for Great Americans mit 96 bronzenen Porträt-Büsten bekannter Amerikaner nicht verpassen. Besucher entdecken hier einen geschichtsträchtigen Ort, der selbst vielen New Yorkern völlig unbekannt ist und in Deutschland allenfalls mit der Gedenkstätte Walhalla bei Regensburg vergleichbar ist.

Die Hall of Fame for Great Americans wurde im Mai 1901 als erste Ruhmeshalle der USA eröffnet. Hier werden Frauen und Männer geehrt, die sich um die Vereinigten Staaten verdient gemacht haben: Wissenschaftler, Architekten, Politiker, Entdecker und viele mehr. Insgesamt wurden bislang 102 Personen ausgezeichnet, darunter beispielsweise der Erfinder Alexander Graham Bell, die Astronomin Maria Mitchell und der Schriftsteller Edgar Allen Poe sowie Politiker und Staatsmänner wie John Adams, Thomas Jefferson und George Washington. Sie alle finden sich in der knapp 200 Meter langen neoklassizistischen Kolonnade wieder. Der lang geschwungene Komplex liegt auf dem Gipfel eines kleinen Höhenzugs im Stadtteil University Heights. Neben all der Historie fasziniert die Ruhmeshalle zugleich mit einem weiten Blick über den Harlem River und die angrenzenden Stadtteile. Ein Spaziergang zu dem architektonisch bedeutsamen Bau bietet auch einen kleinen Einblick in das studentische Leben auf dem Campus des Bronx Community College der City University of New York.

Trotz ihrer großen Bedeutung für die Nation geriet die Ruhmeshalle über die Jahre ein wenig in Vergessenheit und ist daher auch New Yorkern unerwarteterweise weitgehend unbekannt. Anfang der 1970er-Jahre verfielen die Kolonnaden zunehmend, als die

Graham Bell ist einer der Geehrten, ebenso wie beispielsweise George Washington.

New York University als Gründerin den Betrieb der Hall of Fame for Great Americans aufgab und wegzog. Später wurde die Anlage mit öffentlichen Mitteln saniert und zählt heute zum Campus des Bronx Community College.

In die Ruhmeshalle konnte jeder US-Bürger (durch Geburt oder Einbürgerung) aufgenommen werden, sofern er einen signifikanten Beitrag zu Wirtschaft, Wissenschaft, Kultur oder Politik geleistet hat und von einem anderen Bürger vorgeschlagen wurde. Das Wahlgremium bestand aus Vertretern aller Bundesstaaten. Mangels Finanzierung ruht diese bemerkenswerte Initiative seit 1976, seitdem wurden keine neuen Mitglieder ernannt. Auch fehlt das Geld, um Büsten für die zuletzt Aufgenommen anzufertigen. Somit sind lediglich Denkmäler für 96 von 102 ausgezeichneten Frauen und Männern ausgestellt.

> **INFO**
>
> **Lage:** University Avenue/W 181st Street, The Bronx, NY 10453; zentral in der Bronx
>
> **Anfahrt:** Die nächstgelegene Subway-Station Burnside Avenue (Linie 4) ist etwa 15 Gehminuten entfernt. Der Eingang findet sich an der Hall of Fame Terrace.
>
> **Öffnungszeiten:** Die Ruhmeshalle ist werktags von 9 bis 17 Uhr zugänglich, am Wochenende von 10 bis 16 Uhr. An Feiertagen freundlich am Eingang fragen, um Einlass zu bekommen. Wichtig: Für den Zugang zum Campus muss ein Personalausweis oder Reisepass vorgezeigt werden.
>
> **Kosten:** Kostenlos, Spenden erbeten
>
> **Aktivitäten:** Das Yankee Stadium als Heimat des Baseball-Teams der New York Yankees liegt rund 20 Minuten entfernt, erreichbar über die Subway-Linie 4; *mlb.com/yankees/ballpark/tours*. Ebenfalls in der Nähe ist der Roberto Clemente State Park, unter anderem mit einem Freibad, direkt am Ostufer des Harlem River; *parks.ny.gov/parks/140/details.aspx*
>
> **Website:** *bcc.cuny.edu/about-bcc/history-architecture/hall-of-fame*

35. New York Botanical Garden: mehr als eine Million Pflanzen

Ein echtes Kleinod findet sich in der Bronx, abseits der üblichen Wege von Touristen in New York. Und das, obwohl der Landschaftspark dank der Werbeplakate in vielen U-Bahn-Waggons fast schon omnipräsent ist: Wer das übliche Klischee der Bronx im Kopf hat, erwartet sicherlich keinen botanischen Garten hier im Norden vom Big Apple. Zumal der New York Botanical Garden der größte seiner Art in der Metropole ist, verglichen beispielsweise mit dem Brooklyn Botanic Garden (siehe Seite 128). An einem Sonntagnachmittag genießen hier die Menschen aus der Bronx sowie aus umliegenden Städten wie Westchester ihr Wochenende – wohltuend untouristisch. Dank seiner Vielfalt ist der Botanical Garden zu jeder Jahreszeit einen Besuch wert.

Besonders beliebt: der Rock Garden

Erstes Highlight: der Rock Garden. Schon die Größe dieses Steingartens – einer der 48 Gärten und Pflanzensammlungen innerhalb des New York Botanical Garden – ist beeindruckend. Selbst in diesem Teil des Parks ist die Gefahr hoch, zwischen den Alpenblumen und alten Bäumen sowie einem Wasserfall die Orientierung zu verlieren. Der Rock Garden gilt als einer der schönsten und größten seiner Art nicht nur in den Vereinigten Staaten. Eine Hommage an die Flora des Nordostens des Landes stellt der Native Plant Garden dar: Um einen Pool gruppieren sich mehr als 100.000 Pflanzen, Sträucher und Farne, die in dieser regenreichen Region der

USA zu Hause sind – und so regelmäßig sowohl Eichhörnchen und Frösche als auch Wasservögel und Schmetterlinge anziehen. Der Wild Wetland Trail hingegen führt durch eigens angelegte Feuchtgebiete und Sumpflandschaften. Mit Glück lassen sich Enten und Schildkröten erspähen.

Im Frühjahr zwischen März und Mai wiederum ist ein Fotostopp bei den blühenden Kirschbäumen ein Muss: Mehr als 200 Cherry Trees sorgen für ein eindrückliches Farbenspiel. Aber auch im Winter lohnt ein Besuch des Landschaftsparks: Einerseits kann das Areal dann möglicherweise pittoresk im Schnee erkundet werden.

Cherry Blossoms am sogenannten Observatorium

Andererseits startet im Februar auch die jährliche Orchideenschau mit Tausenden von Orchideen in der tropischen Landschaft der Regenwaldgalerien des Enid A. Haupt Conservatory. Der weitläufige historische Gewächshauskomplex lohnt auch jenseits der Orchideenschau einen Besuch, während davor eine spektakuläre

Rockefeller Rose Garden mit mehr als 650 Arten

Ansammlung an Seerosen und Lotusblüten zu bewundern ist. Zu den beliebtesten Attraktionen zählen auch der Rockefeller Rose Garden mit mehr als 650 verschiedenen Arten sowie der Kräutergarten.

Inmitten der rund 100 Hektar großen Anlage, die vom Bronx River durchschnitten wird, sollten Besucher die Distanzen nicht unterschätzen. Wer den New York Botanical Garden in Ruhe erleben möchte, sollte sich einen halben Tag Zeit nehmen – anders als beispielsweise in Brooklyns Pendant, wo durchaus zwei Stunden einen guten Eindruck vermitteln. Regelmäßig finden Führungen statt, außerdem verkehrt im Park eine Tram. Verschiedene Cafés und Restaurants sind ebenfalls vorhanden. Der NYBG Shop bietet geschmackvolle Artikel rund um das Thema Flora und Fauna an.

Selfies inmitten von blühender Flora

> **INFO**
>
> **Lage:** 2900 Southern Boulevard, The Bronx, NY 10458
>
> **Anfahrt:** Die nächstgelegene Subway-Station ist Bedford Park Boulevard-Lehman College (Linien B, D, 4). Von dort aus weiter zu Fuß (20 Minuten, acht Blocks) oder mit dem Bus Bx26. Alternativ mit der Metro-North Railroad Harlem Line ab Grand Central Terminal in 20 Minuten direkt zur Botanical Garden Station gegenüber dem Mosholu Gate Entrance.
>
> **Öffnungszeiten:** Der New York Botanical Garden ist ganzjährig von Dienstag bis Sonntag zugänglich, an ausgesuchten Feiertagen wie beispielsweise Martin Luther King, Memorial Day und Labor Day ist der Park auch montags geöffnet. Die Öffnungszeiten sind im Regelfall von 10 bis 18 Uhr.
>
> **Kosten:** Der Eintrittspreis beträgt 32 USD für Erwachsene, für Senioren über 65 Jahren und Studenten 30 USD sowie für Kinder zwischen 2 und 12 Jahren 18 USD.
>
> **Aktivitäten:** Der Bronx Zoo liegt direkt neben dem New York Botanical Garden. Aufgrund der Größe des Parks beträgt die Gehzeit dennoch durchaus rund 15 Minuten. Der Bronx Zoo ist von Anfang November bis Anfang April von 10 bis 16:30 Uhr geöffnet, in den Sommermonaten von 10 bis 17 Uhr (am Wochenende bis 17:30 Uhr). Die Tickets kosten für Erwachsene 30,95 USD, Senioren 28,95 USD, Kinder zwischen 3 und 12 Jahren 22,95 USD; *bronxzoo.com*
>
> **Website:** *nybg.org*

36. Orchard Beach und City Island: Perlen der Bronx

Wer an die Bronx denkt, der hat oftmals Bilder von hässlichen Hochhäusern und blutigen Bandenkriegen im Kopf. Doch nicht nur, dass diese Klischees ohnehin in Teilen überholt sind – am Orchard Beach und auf City Island genießen Besucher herrlich karibisch-maritimes Ambiente.

Kaum ist der Strand Orchard Beach erreicht, fühlt man sich schnell wie in der Karibik: Viele Badegäste sind Latinos und bringen den Lifestyle aus ihrer Heimat in der Karibik oder Lateinamerika ans Ufer des Long Island Sound. Fast zwei Kilometer weißer Sand ziehen sich hier am Wasser entlang – perfekt für einige entspannende Stunden. Kein Wunder, dass der Orchard Beach in New York auch

Der Orchard Beach gilt als „Riviera der Bronx".

City Island ist ein beliebtes Segelrevier.

als „Riviera der Bronx" bekannt ist. An manchen Sommerwochenenden ist das Badeparadies freilich so gut besucht wie die Strände in Rimini oder auf Mallorca. Dann stößt hier Handtuch an Handtuch, was der munteren Stimmung glücklicherweise keinen Abbruch tut.

Rund um den in den 1930er-Jahren künstlich aufgeschütteten Strand – der Sand wurde beispielsweise vor der Halbinsel Sandy Hook (siehe Seite 232) abgebaggert – liegen noch mehrere Sport- und Spielplätze. Die weite Promenade ist gesäumt von einigen Ständen, die Snacks und Getränke verkaufen. Die Mehrzahl der Einrichtungen im großen, historischen Badehaus steht indes leer. Hier merkt man leider, dass das Areal nicht immer gut gepflegt wurde. Aber das karibische Strandgefühl macht diesen Mangel mehr als wett. Wer an einem heißen Tag beispielsweise den etwa 20 Taxi-Minuten entfernt liegenden New York Botanical Garden (siehe Seite 188) besucht, kann im Anschluss hier frische Meeresluft und ein Bad im Long Island Sound genießen. Der Orchard Beach ist Teil des Pelham Bay Park, dem größten Park im Big Apple.

Vom Strand aus fällt der Blick malerisch auf zwei kleine Inseln: Hart Island, bekannt für seinen Armenfriedhof und nicht öffentlich zugänglich, sowie City Island. Die gerade einmal 2400 Meter lange und nur 800 Meter breite Insel ist vor allem für ihre kulinarische Vielfalt bekannt. Unter rund 25 Restaurants können hungrige Besucher hier wählen. In den meisten Fällen steht ein Gericht ganz oben auf der Speisekarte: Hummer (Lobster). Seafood ist der Hauptgrund für einen Abstecher nach City Island. Gerade an Wochenenden lassen sich viele Bewohner der Bronx auch bei schlechtem

Zahlreiche Fischrestaurants sind auf City Island beheimatet.

Wetter nicht vom Abendessen in maritimer Umgebung abhalten. Die Mehrzahl der Restaurants ist ganzjährig geöffnet, nur wenige schließen im Winter. Als besonders beliebt gelten die Restaurants Lobster Box und Sammy's Shrimp Box. Überdies bietet die kleine Insel, erreichbar vom Pelham Bay Park über eine Brücke, mit dem City Island Nautical Museum noch eine kleine Ausstellung, die über die lange maritime Vergangenheit der Insel informiert. Ebenso fällt bei einem Spaziergang über die Insel der Blick immer wieder auf einen Jachthafen oder Bootsanleger. Gut zu wissen: Badestrände gibt es keine auf City Island mit gut 4000 Einwohnern. Aber dafür gibt es den Orchard Beach und hier auf der Insel findet sich dann schnell das passende Fischrestaurant zum Abendessen.

> **INFO**
>
> **Lage:** Orchard Beach and Promenade, Park Drive, The Bronx, NY 10464. City Island (City Island Avenue, The Bronx, NY 10464) ist über eine Brücke mit dem Festland verbunden.
>
> **Anfahrt:** Mit der Subway-Linie 6 bis zur Endhaltestelle Pelham Bay Park, dann weiter mit Bus Bx29 nach City Island (zum Orchard Beach ab Haltestelle City Island Circle noch 20 Minuten zu Fuß). An Wochenenden im Sommer fahren die Busse Bx12 und Bx12SBS direkt zum Strand.
>
> **Öffnungszeiten:** Orchard Beach ist zwischen Memorial Day und Labor Day zugänglich. Rettungsschwimmer sind während der Badesaison von 10 bis 18 Uhr am Strand vor Ort.
>
> **Kosten:** Der Strandbesuch ist kostenlos, die Parkgebühren betragen an Werktagen 8 USD, am Wochenende 10 USD (jeweils pro Tag).
>
> **Aktivitäten:** Das kleine City Island Nautical Museum ist an Wochenenden jeweils zwischen 13 und 17 Uhr geöffnet; *cityislandmuseum.org*. Die Restaurants Lobster Box (*lobsterboxrestaurant.com*) und Sammy's Shrimp Box (*sammysshrimpbox.com*) liegen am südöstlichen Ende der Insel.
>
> **Website:** *nycgovparks.org/parks/pelham-bay-park/facilities/beaches*

Staten Island

Kulturzentrum Snug Harbor auf Staten Island

Den südlichsten der fünf Bezirke betreten viele Reisende oftmals nur für einige Minuten: In Staten Island legen die kostenlosen Fähren an, die diesen Teil New Yorks mit Manhattan verbinden. Dank des schönen Blicks auf die Freiheitsstatue, die Skyline und Brooklyn während der etwa 25-minütigen Passage zählt die kostenlose Fährfahrt zu den beliebtesten Aktivitäten überhaupt.

Doch es wird dem Bezirk nicht gerecht, wenn man direkt mit der nächsten Fähre zurück nach Manhattan fährt. Zumindest Zeit für einen kurzen Spaziergang zum Staten Island September 11 Memorial, genannt Postcards, sollte eingeplant werden. Beim Gedenken an die Opfer der Terroranschläge von 2001 genießen Besucher zugleich einen sehenswerten Blick über die Bay samt Manhattans Skyline fern am Horizont. Weitere Attraktionen sind das frühere Militärgelände Fort Wadsworth sowie der South Beach am Atlantik.

Die kostenlose Fähre, die rund um die Uhr im Regelfall alle 30 Minuten zwischen Downtown Manhattan (Whitehall Ferry Terminal) und Staten Island pendelt, ist mehr als eine Touristenattraktion. Denn viele der rund 500.000 Einwohner kommen nur so zu ihrem Arbeitsplatz in Manhattan, beispielsweise als Empfangschefin in einem der zahlreichen Hotels oder als Guide für Kajaktouren auf dem Hudson River. Zudem besteht seit 2022 mit der St. George-Route von NYC Ferry eine Direktverbindung nach Manhattan (Midtown West/Pier 79 und Battery Park City). Mit Brooklyn, östlich von Staten Island gelegen, ist die Insel über die markante Verrazzano-Narrows Bridge verbunden, mit dem Bundesstaat New Jersey im Westen über mehrere kleinere Brücken.

Fort Wadsworth und Verrazzano-Narrows Bridge

Staten Island

37. Staten Island September 11 Memorial: Gedenkstätte mit Skyline-Blick
38. Snug Harbor Cultural Center & Botanical Garden: Kunst, Botanik und mehr
39. Fort Wadsworth: Spaziergang durch Militärgeschichte und mit Panoramablick
40. South Beach: Strand der Einheimischen

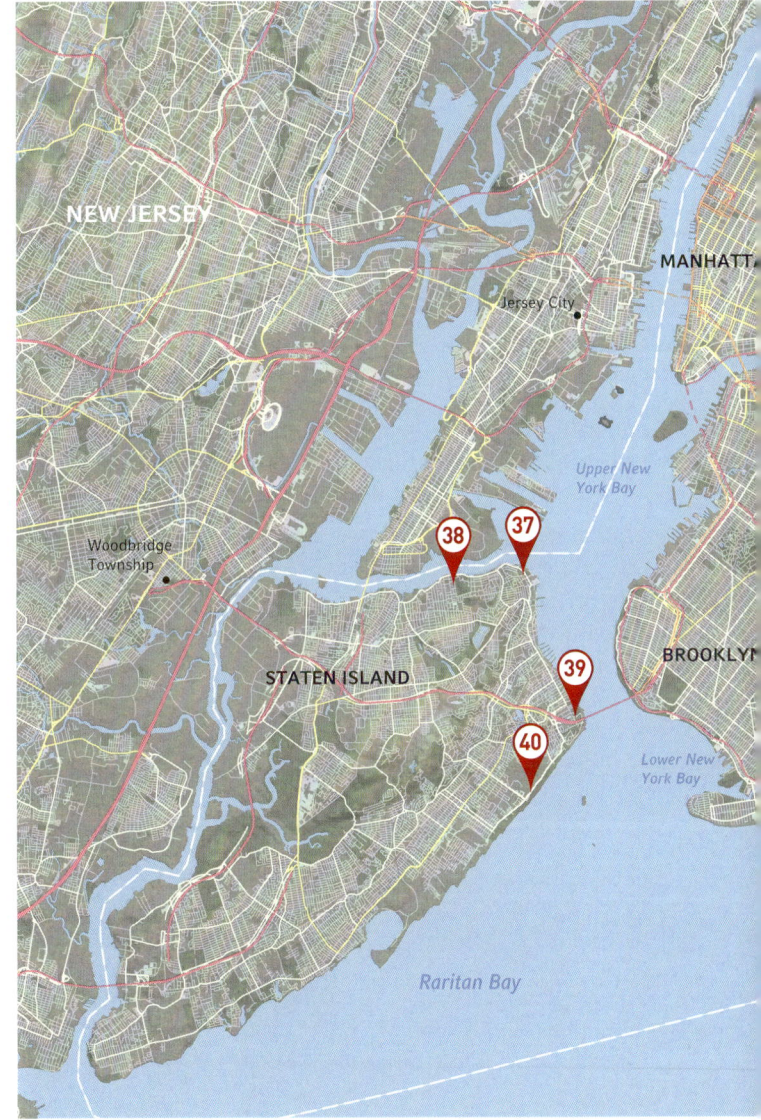

37. STATEN ISLAND SEPTEMBER 11 MEMORIAL: GEDENKSTÄTTE MIT SKYLINE-BLICK

Staten Island ist mehr als nur das Ziel einer kostenlosen Bootstour mit schönem Blick auf Freiheitsstatue und Manhattan. Selbst wer nur einen Trip mit der Fähre machen und auf einen Besuch des Stadtteils verzichten möchte, sollte das Fährterminal für einen kurzen Spaziergang verlassen. Gerade einmal fünf Gehminuten entfernt lohnt ein Abstecher zum Mahnmal Postcards, auch als Staten Island September 11 Memorial bekannt.

Die Gedenkstätte des Architekten Masayuki Sono war seinerzeit die erste bedeutende ihrer Art, die nach den Anschlägen vom 11. September 2001 errichtet wurde. Das Mahnmal erinnert in erster Linie an die 275 Bewohner von Staten Island, die bei der Terrorattacke an 9/11 sowie beim Bombenanschlag auf das World Trade Center am 26. Februar 1993 getötet wurden. Das rund neun Meter hohe Bauwerk in Fiberglasoptik soll zwei Postkarten symbolisieren. An jedes Opfer erinnert eine kleine Granitplatte, auf der Name, Geburtstag sowie Beruf des Betroffenen am Tag des Anschlages festgehalten sind. Dabei ist die Gedenkstätte so ausgerichtet, dass der Blick in Richtung der damaligen Zwillingstürme des World Trade Center fällt. Baubeginn der Anlage

Gedenkstätte

STATEN ISLAND

war exakt zwei Jahre nach den Anschlägen, eingeweiht wurde sie schließlich am 11. September 2004. Neben dem Mahnmal erinnert eine Gedenktafel überdies an 73 Rettungskräfte aus Staten Island, die als Helfer der giftigen Staubwolke oder den toxischen Ausdünstungen nach der Zerstörung ausgesetzt waren und daran in den Folgejahren verstarben.

Die Namen der Opfer sind eingraviert.

Das Memorial wurde an der Esplanade nahe dem Fährterminal errichtet. Von dort aus eröffnet sich ein sehenswerter Blick auf die Südspitze von Manhattan. Direkt daneben liegt das Baseball-Stadion der Staten Island Yankees. Mittlerweile ergänzt New Yorks erstes Outlet-Center das Areal zwischen Fähranleger, Gedenkstätte und Stadion.

> **INFO**
>
> **Lage:** Auf Staten Island, am Ufer wenige Gehminuten westlich vom Fähranleger St. George Terminal
>
> **Anfahrt:** Mit den kostenlosen Hafenfähren, die am Whitehall Terminal an Manhattans Südspitze alle 30 Minuten ablegen. Die Fahrtzeit beträgt 25 Minuten, während derer die Passagiere eine gute Sicht auf Lady Liberty und Governors Island (siehe Seite 30) genießen; *siferry.com*. Oder alternativ mit NYC Ferry ab Midtown West/Pier 79 oder Battery Park City; *ferry.nyc*
>
> **Öffnungszeiten:** Das Memorial ist stets zugänglich. Das Einkaufszentrum Empire Outlets ist täglich geöffnet; *empireoutlets.nyc*
>
> **Aktivitäten:** Vom Memorial aus lässt sich Staten Island gut erkunden, da am Fährterminal zahlreiche Busse abfahren.
>
> **Website:** *nycgo.com/attractions/staten-island-september-11-memorial*

38. Snug Harbor Cultural Center & Botanical Garden: Kunst, Botanik und mehr

Wer einen erlebnisreichen und lehrreichen Tag außerhalb des turbulenten Manhattan erleben möchte, sollte mit der kostenlosen Fähre nach Staten Island übersetzen und das dortige Snug Harbor Cultural Center & Botanical Garden besichtigen. Hier treffen auf engstem Raum Kunst und Kultur auf Geschichte und Natur. Das beliebte Ausflugsziel, das touristisch noch nicht so überlaufen ist wie andere Attraktionen der Metropole, ist in Teilen sogar noch kostenlos zugänglich und gilt manchen als wichtigste Sehenswürdigkeit von Staten Island.

Berühmt ist das Areal vor allem für seinen großen 1977 gegründeten Botanischen Garten, der sich über neun einzelne Anlagen erstreckt. So ist der New York Chinese Scholar's Garden (NYCSG) an die Architektur der Ming-Dynastie (1368 bis 1644) angelehnt. Wasserfälle, kleine Teiche mit Koi-Fischen und ein kleiner Bambuswald vermitteln durchaus authentisch das Ambiente eines chinesischen Gartens. Sehenswert sind auch der Rose Garden mit mehr als 100 verschiedenen Arten sowie der RCSF Tuscan Garden, welcher der exquisiten Villa Gamberaia nahe Florenz nachempfunden ist und samt Wasserfontänen und Olivenbäumen Toskana-Flair versprüht.

Die weitläufige Parkanlage erinnert an einen Universitätscampus.

Das weitläufige Areal mit historischen Gebäuden aus dem 19. Jahrhundert, ursprünglich als Altersheim für pensionierte Seefahrer eröffnet, umfasst überdies mehrere lohnenswerte Museen. An die glorreiche frühere Zeit der Seefahrt erinnert entsprechend The Noble Maritime Collection: Die Sammlung dokumentiert in erster Linie das breite Schaffen des Künstlers und Seemanns John A. Noble (1913 bis 1983). Der gebürtige Franzose arbeitete zunächst im New Yorker Hafen, später hielt er das maritime Leben der Region in Ölgemälden und Lithografien fest. Überdies ist beispielsweise eine große Sammlung von Schiffsmodellen Teil des Hauses. Für Kinder ein Muss ist das Staten Island Children's Museum: Sie

Ideales Ausflugsziel zum Entspannen vom Sightseeing in Manhattan

können dort unter anderem tropischen Regenwald, ein Piratenschiff und ein historisches Einsatzfahrzeug der Feuerwehr erleben. Das Staten Island Museum wiederum gibt einen Überblick über die Geschichte des Stadtteils. Die Sammlung umfasst zahlreiche Exponate aus Natur, Kultur und Zeitgeschichte. Das Museum wurde von lokal ansässigen Kunstsammlern bereits 1881 gegründet und war so die Keimzelle für die angrenzenden Einrichtungen wie den Botanischen Garten. Die ebenfalls auf dem Areal befindliche Music Hall ist eines der ältesten Veranstaltungszentren der Stadt. Hier ist

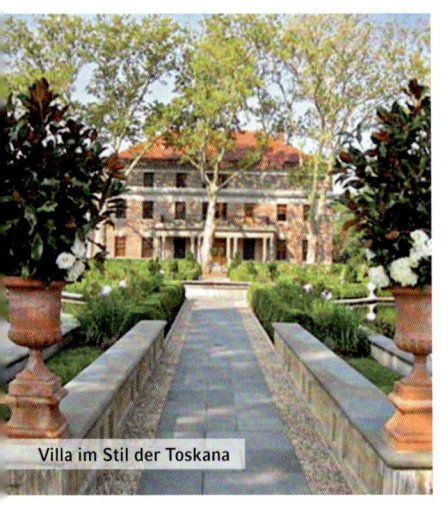

Villa im Stil der Toskana

beispielsweise auch schon David Bowie aufgetreten.

Seit 2018 ist das Snug Harbor Cultural Center & Botanical Garden überdies Schauplatz eines einzigartigen Winterspektakels: Das NYC Winter Lantern Festival zeigt faszinierende leuchtende Kunstwerke, die aus mehr als 1000 Laternen entstanden. Das junge Festival zieht vor allem die asiatischen Mitbürger von New York an.

Auch wer keine Lust auf die Museen oder die kostenpflichtigen Gärten hat, sollte bei einem Trip nach Staten Island einen Abstecher in das Snug Harbor Cultural Center & Botanical Garden einplanen. Denn das Areal mit seinen

Chinese Scholar's Garden

auch teils kostenfreien und klassizistischen Gebäuden gibt Besuchern einen Einblick in frühere Zeiten der Region. Überdies lässt es sich hier schön picknicken.

> **INFO**
>
> **Lage:** 1000 Richmond Terrace, Staten Island, NY 10301
>
> **Anfahrt:** Mit dem Bus S40 in zehn Minuten vom St. George Ferry Terminal. Die kostenlosen Hafenfähren (siferry.com) erreichen Staten Island alle 30 Minuten ab Manhattan (Whitehall Ferry Terminal). Oder alternativ mit NYC Ferry ab Midtown West/Pier 79 oder Battery Park City; *ferry.nyc*
>
> **Öffnungszeiten:** Der Campus-ähnliche Park ist täglich von Sonnenaufgang bis -untergang geöffnet. Das Restaurant Harbor Eats serviert kleine Gerichte, geöffnet samstags und sonntags von 11 bis 17:30 Uhr.
>
> **Kosten:** Weite Teile des Snug Harbor Cultural Center & Botanical Garden sind kostenlos. Für den Besuch des New York Chinese Scholar's Garden werden 5 USD pro Erwachsenen und 4 USD für Senioren ab 65 Jahren fällig.
>
> **Aktivitäten:** The Noble Maritime Collection ist von Donnerstag bis Sonntag von 12 bis 17 Uhr geöffnet, Spende erbeten; *noblemaritime.org*. Das Staten Island Children's Museum ist samstags und sonntags geöffnet sowie während vieler Schulferien. Die Öffnungszeiten sind 10 bis 13 Uhr und 14 bis 17 Uhr, Eintritt für Erwachsene wie Kinder 8 USD pro Person; *sichildrensmuseum.org*. Das Staten Island Museum ist freitags bis sonntags von 11 bis 17 Uhr geöffnet; der Eintrittspreis liegt bei 8 USD pro Erwachsener, Kinder unter 12 zahlen 2 USD, Senioren 5 USD; *statenislandmuseum.org*. Das NYC Winter Lantern Festival findet seit 2018 im Winter statt, von Ende Oktober bis Mitte Januar, und ist freitags bis sonntags ab 16:30 Uhr geöffnet. Eintritt 25 USD pro Erwachsener, Kinder 17 USD, rund um die Festtage 5 USD teurer; *nycwinterlanternfestival.com*. Vom Fährterminal fährt ein kostenloser Shuttlebus.
>
> **Website:** *snug-harbor.org*

39. Fort Wadsworth: Spaziergang durch Militärgeschichte und mit Panoramablick

Der Ausblick auf die mächtige Verrazzano-Narrows Bridge könnte kaum besser sein, so nah erscheint sie den Besuchern. Auch die Hochhäuser des Big Apple faszinieren, trotz der Entfernung. Zugleich punktet Fort Wadsworth mit der Historie der angeblich ältesten Militäranlage der Vereinigten Staaten: Das mächtige Fort wurde einst gegründet, um New York zu beschützen. Die Lage an der Meerenge The Narrows, zwischen Staten Island und Brooklyn, war dafür prädestiniert – und gilt heute als einer der schönsten und weniger bekannten Aussichtspunkte der Stadt.

Die Verteidigungsanlage blickt auf eine lange und wechselvolle Geschichte zurück. Erstmals besiedelt wurde das Areal 1636 und fortan kontinuierlich ausgebaut. 1779 eroberte die britische Armee die Landspitze und besetzte sie bis zum Ende des Amerikanischen Unabhängigkeitskrieges 1783. Ab 1806 stand sie unter der Verwaltung des Staates New York, unter dessen Ägide Platz für 164 Kanonen geschaffen wurde. So konnten die US-Armee sowie Einheiten

Wenig bekannter Fotospot: Fort Wadsworth und Verrazzano-Narrows Bridge

des Bundesstaates während des Kriegs von 1812, dem sogenannten Zweiten Unabhängigkeitskrieg, die Meerenge an der Bucht bewachen. Weitere Erweiterungen und Neubauten folgten, ehe die Befestigung 1865 ihren heutigen Namen erhielt. Fort Wadsworth erinnert an Brigadegeneral James S. Wadsworth, der während des Bürgerkriegs gefallen war.

Während des Ersten und Zweiten Weltkriegs sicherte die Marine The Narrows und beschützte New York. Von 1955 bis 1960 hatte das Hauptquartier der 52. Flugabwehrbrigade seinen Sitz im Fort, später folgten andere Militäreinrichtungen. 1994 schließlich übergab die US-Armee das Areal dem Staat – seitdem wird es von der Nationalparkverwaltung National Park Service (NPS) als Gateway National Recreation Area verwaltet. In manchen Gebäuden ist bis heute noch die US-Küstenwache ansässig. Attackiert wurde New York übrigens an keinem einzigen Tag, während der Stützpunkt aktiv war.

Zeltplatz unterhalb der Brücke

Die Außenanlage des Forts ist heute frei zugänglich. Für einen Spaziergang mit Fotopausen sind ein bis zwei Stunden einzuplanen. Zuweilen werden auch Führungen in den Sektionen Fort Tompkins und Battery Weed angeboten. Überdies ist mittwochs bis sonntags das Besucherzentrum samt Museum geöffnet.

Trotz der vielfältigen und spannenden Militärhistorie ist das Fort jedoch vor allem als einer der eindrucksvollsten Fotospots der Stadt bekannt. So fällt der Blick direkt auf die Verrazzano-Narrows

Gilt als älteste Militäranlage der Vereinigten Staaten

Bridge. Und von hier wirkt diese trotz ihrer Länge von 2039 Metern sowie den 210 Meter hohen Pfeilern fast zum Greifen nah. Nach ihrer Eröffnung 1964 war sie bis zum Jahr 1981 die längste Hängebrücke der Welt. Ihre Spannweite übertrifft sogar die der Golden Gate Bridge. Weltberühmt wurde die Brücke 1977 durch den Film „Saturday Night Fever" mit John Travolta zur Musik der Bee Gees. Und alljährlich macht sie überregional Schlagzeilen, wenn am ersten Sonntag im November hier Tausende Läuferinnen und Läufer des New York Marathon starten. Aber auch auf die Skylines von Manhattan sowie von Jersey City eröffnet sich ein unvergleichlicher Blick – kein Wunder, dass auch viele Einwohner von Staten Island den Ort gern auf einem Spaziergang ansteuern. Internationale Besucher sind hingegen eher rar.

Im Fort Wadsworth selbst können Besucher auch übernachten: Hier findet sich einer der wenigen Campingplätze im Stadtgebiet von New York. Sonnenuntergang und -aufgang sind im Schatten der Verrazzano-Narrows Bridge und mit Blick auf Bucht und Skyline sicherlich unvergesslich. Allerdings ist nur Zelten möglich, Wohnmobile sind nicht erlaubt.

Auch von Fort Wadsworth aus ist am Horizont Manhattans Skyline zu sehen.

INFO

Lage: An der östlichen Spitze von Staten Island, an der Meerenge gegenüber von Brooklyn

Anfahrt: Mit dem Bus 51 (alle 30 Minuten) in 19 Minuten vom Fährterminal St. George bis zur Haltestelle Lily Pond Avenue/Mc Clean Avenue. Die kostenlosen Hafenfähren erreichen Staten Island ab Manhattan (Whitehall Ferry Terminal); *siferry.com*. Oder alternativ mit NYC Ferry ab Midtown West/Pier 79 oder Battery Park City; *ferry.nyc*.

Öffnungszeiten: Täglich von 6 bis 21 Uhr, das Visitor Center ist mittwochs bis sonntags geöffnet; 120 New York Avenue, Staten Island, NY 10305.

Aktivitäten: Ein Besuch von Fort Wadsworth lässt sich gut mit einem Abstecher von bzw. zum South Beach (siehe Seite 212) verbinden.

Websites:
- *nps.gov/gate/learn/historyculture/fort-wadsworth.htm*
- *recreation.gov/camping/campgrounds/234715*

40. South Beach: Strand der Einheimischen

Big Apple hat etwas, worum die Stadt von vielen Metropolen der Welt beneidet wird: zahlreiche schöne Strände. Coney Island mit Boardwalk und Vergnügungspark ist der vielleicht bekannteste und dementsprechend auch bei Touristen sehr beliebt. Doch suchen Urlauber ein Stück Meer abseits des Mainstreams, könnten sie South Beach auf Staten Island ansteuern. Gerade einmal rund 330.000 Besucher werden hier jährlich gezählt – verglichen mit 6,7 Millionen in Coney Island und immerhin noch zwei Millionen am Orchard Beach in der Bronx (siehe Seite 192).

South Beach ist auch am Wochenende nur wenig bevölkert.

Über gut fünf Kilometer erstreckt sich South Beach zusammen mit dem angrenzenden Midland Beach entlang des Atlantiks. Hier geht es viel beschaulicher als an den Stränden weiter nördlich zu. Am South Beach bleiben die New Yorker eher unter sich. Selbst Familien aus Harlem, für die es beispielsweise zum Rockaway Beach in Queens oder zum Orchard Beach genauso weit ist wie an die Küste von Staten Island, zieht es hierher. Bereits Ende Mai ist das Meer schon angenehm warm und motiviert zum Schwimmen und Baden. Wie an anderen Stränden sind auch hier Life Guards vor Ort und sorgen während der sogenannten Beach Season (vom Memorial Day-Wochenende bis Anfang September) für sicheres Badevergnügen.

Baden unter der Brücke

Gerade Kinder und Familien freuen sich über die sanften Wellen, sodass die Tageszeitung Wall Street Journal einst titelte: „The New York City Beach That Doesn't Make Waves" (zu deutsch: Der New Yorker Strand ohne Wellen). Schon seit vielen Jahrzehnten ist der Küstenstreifen ein beliebtes Ziel, wobei die glorreiche Zeit als Beach Resort in den 1950er-Jahren lag. Zu den damaligen Attraktionen zählten beispielsweise kleine Vergnügungsparks, die teils schon in der großen Krise von New York in den 1970er-Jahren geschlossen werden mussten und deren letzter Anbieter schließlich 2006 aufgeben musste. Dem beschaulichen Strandvergnügen tut das aber keinen Abbruch – eher im Gegenteil.

Eine rund zwei Kilometer lange Promenade, benannt nach Franklin D. Roosevelt, lädt alternativ zu entspannenden Spaziergängen ein. Der hölzerne Boardwalk gilt immerhin als viertlängster der Welt. Gen Norden fällt der Blick dabei immer auf die Verrazzano-Narrows Bridge, die Staten Island mit Brooklyn verbindet. Ein schönes Fotomotiv ist die Skulptur Fountain of the Dolphins, die nachts farbenfroh angeleuchtet wird. Einen Abstecher lohnt auch der Ocean Breeze Fishing Pier, der rund 250 Meter weit in den Atlantik hineinragt und oft von Fischern bevölkert wird.

Zuweilen finden am South Beach auch Festivals, Musikevents oder abendliche Feuerwerke statt.

Ein kleines Café serviert Snacks wie nicht ganz billige Hotdogs, Eis und gekühlte Getränke – und nutzt dabei sein Monopol am Strand gut aus. Denn direkt am Wasser finden sich sonst keine Geschäfte – der nächste Supermarkt ist knapp zehn Minuten entfernt. Wer es gediegener mag, wählt das Restaurant South Fin Grill mit schönem Blick aufs Meer. Das angrenzende The Vanderbilt at South Beach gilt als New Yorks einzige Veranstaltungsstätte direkt am Strand und ist nur für Events wie Hochzeiten buchbar.

Vom South Beach (oder umgekehrt) bietet sich ein Spaziergang zum Fort Wadsworth (siehe Seite 208) an.

> **INFO**
>
> **Lage:** Der South Beach liegt an der Atlantikküste von Staten Island.
>
> **Anfahrt:** Mit dem Bus S51 (alle 30 Minuten) in 23 Minuten vom Fährterminal St. George bis zur Haltestelle Capodanno Boulevard/Sand Lane. Die Hafenfähren erreichen Staten Island alle 30 Minuten ab Manhattan (Whitehall Ferry Terminal); *siferry.com*. Oder alternativ mit NYC Ferry ab Midtown West/Pier 79 oder Battery Park City; *ferry.nyc*.
>
> **Öffnungszeiten:** Der Strand ist täglich zugänglich. Rettungsschwimmer sind während der Beach Season zwischen 10 und 18 Uhr vor Ort. Der Boardwalk ist nachts zwischen 21 und 6 Uhr geschlossen.
>
> **Aktivitäten:** Fahrräder ab 13 USD pro Stunde vermietet Wheel Fun Rentals Sonnenschirme ab 3 USD und Beach Chairs ab 3 USD können hier ebenfalls geliehen werden; *wheelfunrentals.com/ny/staten-island/sand-lane*. Das Restaurant South Fin Grill ist mittwochs bis freitags ab 17 Uhr sowie samstags und sonntags ab 12 Uhr geöffnet; *southfingrill.com*
>
> **Website:** *nycgovparks.org/parks/fdr-boardwalk-and-beach/facilities/beaches*

Liberty State Park und Jersey City

Mit dem westlich an New York City angrenzenden Bundesstaat verbinden Reisende meist nicht viel. Bekannt für New Jersey sind oft nur der Flughafen Newark (einer der Zielflughäfen für New York und Drehkreuz von United Airlines) sowie weiter südlich der Urlaubsort Atlantic City mit Stränden und Casinos.

Doch für New-York-Urlauber bietet der flächenmäßig viertkleinste US-Bundesstaat die perfekte Attraktion jenseits der ausgetretenen Pfade: Die im Atlantik gelegene Halbinsel Sandy Hook ist ein vortrefflicher Zufluchtsort, um an nahezu unberührten Stränden eine Pause vom Sightseeing einzulegen. Von den Fähranlegern nahe des UN-Hauptquartiers und der Wall Street ist das Naturparadies in nur 30 bis 45 Minuten mit dem Schnellboot erreichbar. Selbst viele New Yorker kennen die Halbinsel nicht bzw. wissen nicht, dass Sandy Hook so nah an der Stadt liegt. Und als Tourist ist man auf der Fähre erst recht eine Ausnahme.

Dies trifft auf die Uferpromenaden entlang des Hudson River mittlerweile nicht mehr ganz zu: Exchange Place und Liberty State Park sind kein klassischer Geheimtipp mehr – dennoch sind auch hier die Einheimischen und Anwohner in den Straßen noch immer deutlich in der Überzahl. Und gerade bei der ersten Reise nach New York „verirrt" sich kaum ein Tourist hierher, erst recht nicht nach Weehawken. Schade für denjenigen, der die traumhafte Aussicht verpasst – umso besser für den Besucher, der mit viel Ruhe, Muße und ohne Menschenmengen den Panoramablick auf die Skyline genießt.

Strand auf der Halbinsel Sandy Hook

NEW JERSEY

41. Chart House Weehawken: Dinner mit Skyline-Blick
42. Hudson River Waterfront Walkway/Exchange Place: perfekter Platz zum Sonnenuntergang
43. Liberty State Park: urbane Oase
44. Sandy Hook: erholsames (Halb)insel-Glück im Atlantik

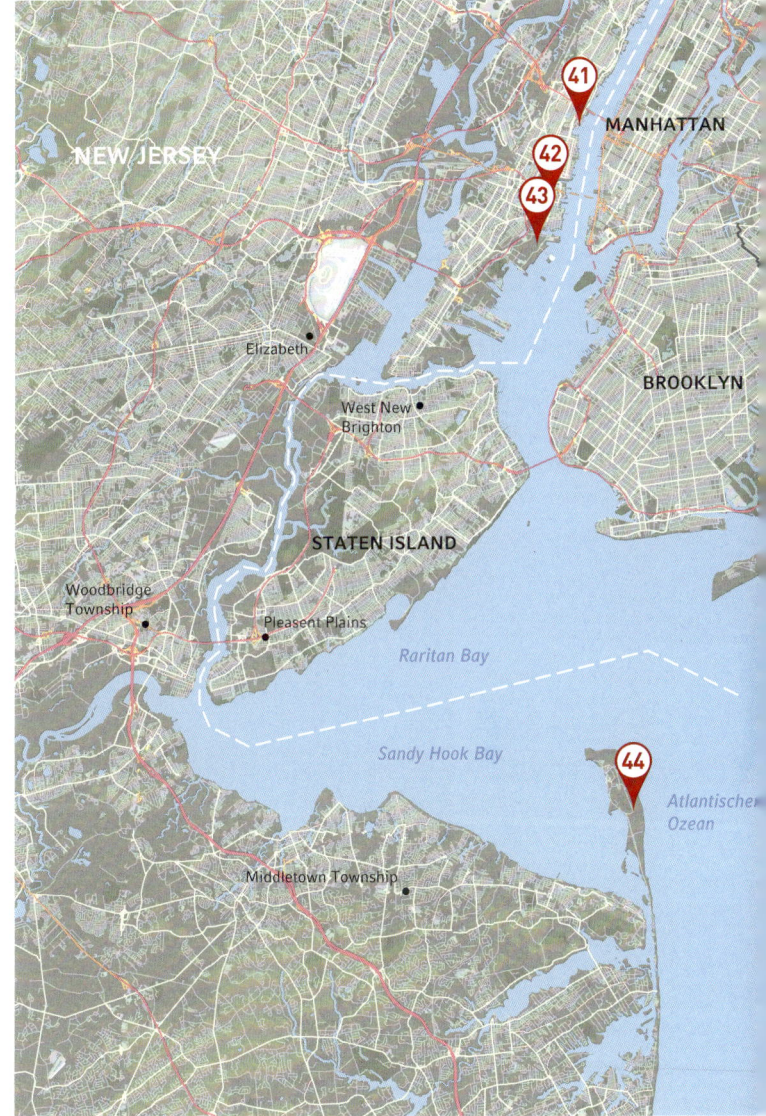

41. Chart House Weehawken: Dinner mit Skyline-Blick

Die Stadt funkelt. Das Auge weiß gar nicht, wo es zuerst hinschauen soll. Unvergesslich ist der Blick vom Westufer des Hudson River auf das gegenüberliegende Empire State Building und weiter bis zum One World Trade Center. Und direkt gegenüber dem Restaurant Chart House, auf der anderen Flussseite, liegt das neu errichtete Areal Hudson Yards mit rund 15 Wolkenkratzern sowie der im Jahr 2020 eröffneten Aussichtsplattform The Edge (der höchsten in der westlichen Hemisphäre) und dem 2021 neu gestarteten Hochhaus-Kletterabenteuer City Climb.

Wer diesen fabelhaften Blick genießen will, muss den Bundesstaat New York verlassen und über den Fluss nach New Jersey übersetzen. Weehawken ist eine an sich eher unscheinbare Kleinstadt am Wasser – aber der Blick vom Lincoln Harbor gen Manhattan lohnt

Von Weehawken eröffnet sich eine herrliche Aussich auf Manhattan – mit Hochhaus-Ikonen wie Summit One Vanderbilt, Hudson Yards 30 und Empire State Building.

wahrlich einen Besuch. Und die Anreise gestaltet sich dank der Boote von New York Waterway vergleichsweise komfortabel. Beste Zeit für einen Abstecher in den benachbarten Bundesstaat ist der frühe Abend, passend zum Sonnenuntergang. Dann erstrahlt New York in besonders schönem Licht.

Zugleich lässt sich der Ausflug dann gut mit einem hervorragenden Abendessen in der örtlichen Filiale der Kette Chart House kombinieren, die auf einem Pier im Hudson River angesiedelt ist. Schon seit vielen Jahren gehört sie zu den beliebtesten Fischrestaurants der Region. Und der Panoramablick von der Terrasse (oder auch von innen) macht ein Dinner wahrlich unvergesslich. Die Karte wird dominiert von Fisch- und Meeresfrüchte-Gerichten, aber auch Steaks sind erhältlich. Gäste können zudem aus einer umfangreichen Wein- und Cocktailkarte wählen. Dass das Restaurant zu einer Kette zählt, lassen weder die Qualität der Küche noch des Service erahnen.

„Crab and Shrimp Stack"

> **INFO**
>
> **Lage:** 1700 Harbor Boulevard, Weehawken, NJ 07086; direkt am Hudson River im Lincoln Harbor von Weehawken im benachbarten Bundesstaat New Jersey
>
> **Anfahrt:** Besonders schön und einfach ist die Anreise per Boot. Die Schiffe von New York Waterway legen am Pier 79 ab, nahe zur U-Bahnstation 34th Street-Hudson Yards. Die Boote zur Station Lincoln Harbor fahren auch abends, einfache Fahrt: 9 USD pro Erwachsener; *nywaterway.com/ LincolnHarborWeehawkenRoute.aspx*
>
> **Öffnungszeiten:** Das Restaurant ist täglich geöffnet.
>
> **Website:** *chart-house.com/locations/weehawken*

42. Hudson River Waterfront Walkway/ Exchange Place: perfekter Platz zum Sonnenuntergang

Die Skyline von Manhattan verzaubert einen immer wieder aufs Neue. Vor allem die Südspitze mit dem markanten One World Trade Center zählt zu den beliebtesten Fotomotiven im Licht der untergehenden Sonne. Der vielleicht schönste Ort für einen atmosphärischen Blick auf die Skyline bei Sonnenuntergang liegt indes nicht in New York – sondern in New Jersey. Schon die Anreise mit der Fähre ist ein kleines Erlebnis!

Hell strahlen die mächtigen Stahl- und Glasbauten auf der anderen Seite des Hudson River. Vor allem der Brookfield Place (ehemals World Financial Center) und das berühmte One World Trade Center, das höchste Gebäude der USA, wirken im späten warmen Licht besonders fotogen. Leise rauscht der Wind, maritimes Flair mitten in der Großstadt umweht die Nase. Und während hinter einem die Sonne über New Jersey langsam untergeht, funkeln vor einem die Hochhäuser Manhattans. Die „Goldene Stunde" – wie die Zeit vor dem Sonnenuntergang von Fotografen genannt wird – macht hier am Hudson River Waterfront Walkway ihrem Namen alle Ehre.

Der Exchange Place ist der vielleicht schönste Platz, um Manhattan im Licht der untergehenden Sonne zu bestaunen.

Mit dem Boot dauert die Überfahrt vom Brookfield Place zum Fähranleger Harborside Ferry Landing nur wenige Minuten. Schon am Pier bietet sich ein Ausblick, der so ganz anders ist als die gewohnten Perspektiven auf New York. Denn die Mehrzahl der Besucher steuert für ein Skyline-Bild die Uferpromenade des East River in Brooklyn an. Frühmorgens und für die Nacht sicherlich der beste Platz – schließlich schmückt dann auch die bekannte Brooklyn Bridge die Szenerie, wenngleich das One World Trade Center von der Brooklyn-Seite weit weniger ins Auge sticht.

Doch zum Sonnenuntergang ist das Westufer des Hudson River der beste Platz. Vom Hudson River Waterfront Walkway bzw. dem Exchange Place breitet sich die Skyline zum Sonnenuntergang wie ein Panorama aus, angestrahlt vom warmen Licht der tiefstehenden Sonne. Selbst wer kein Fotofan ist, wird sich der Magie dieses Ortes nicht entziehen können. Und natürlich liegen nicht nur Downtown respektive Financial District vor einem. Nach links fällt der Blick gen Midtown – das Empire State Building ist dabei nicht zu übersehen. Und zur rechten Seite wiederum ragt Lady Liberty im Abendlicht empor. Neben dem Pier bieten sich weitere Locations in der Umgebung an, das Stativ aufzustellen.

Hier am Exchange Place können sich Besucher auch über eine der wenigen wasser-nahen Rooftop-Bars freuen: Die RoofTop at Exchange Place punktet mit einer schönen Terrasse, akzeptablen Preisen und relaxter Atmosphäre. Dazu ist

Die Colgate Clock ist ein beliebtes Fotomotiv.

die Bar ein guter Spot für weitere Fotos und Selfies – das Weinglas in der Hand, die Skyline dahinter.

Nach einer Pause lohnt es sich, weiter flussabwärts zu schlendern und die (abendliche) Ruhe zu genießen. Nachdem das Jersey City 9/11 Memorial passiert ist, wird der Fähranleger Paulus Hook erreicht. Von hier aus fahren Fähren wiederum in wenigen Minuten zurück zum Brookfield Place. Im dortigen Food Court oder alternativ im französisch inspirierten Restaurant Le District kann ein später Snack, ein entspannender Drink oder ein wärmendes Getränk – je nach Stimmung und Wetterlage – genossen werden. Alternativ lohnt es sich, die „blaue Stunde" nach Sonnenuntergang und die nächtliche Atmosphäre hier am Ufer von New Jersey abzuwarten. Tipp: Bis zur bekannten Colgate Clock läuft man vom Anleger noch knapp fünf Minuten.

> **INFO**
> **Lage:** Der Aussichtspunkt liegt am Hudson River Waterfront Walkway bzw. am Exchange Place in Jersey City – am Westufer des Hudson River gegenüber von Downtown Manhattan.
> **Anfahrt:** Am schnellsten ist der Anleger Harborside Ferry Landing erreichbar mit der kleinen Fähre von New York Waterway ab dem Fährterminal Brookfield Place/Battery Park City (nahe dem One World Trade Center). Fahrpreis: 7 USD pro Strecke, ca. fünf bis sieben Minuten Fahrzeit; wochentags von 6 bis 23 Uhr alle paar Minuten, samstags und sonntags von 11 bis 21 Uhr alle 20 Minuten; *nywaterway.com/WorldFinancialCenterTerminal.aspx*. Alternativ mit der PATH ab One World Trade Center/Oculus zur Station Exchange Place; *panynj.gov/path/en/stations/exchange-place-station.html*
> **Öffnungszeiten:** Immer, aber Fahrzeiten der Fähre bzw. der PATH beachten!
> **Aktivitäten:** Wer schon am Nachmittag nach New Jersey übersetzt, kann vor dem abendlichen Fotoshooting von hier aus gut den Liberty State Park besuchen (siehe auch Seite 228). Die Bar RoofTop at Exchange Place ist täglich geöffnet; *rooftopxp.com*

43. Liberty State Park: urbane Oase

Wer an ein Picknick im Park denkt und eine Auszeit vom Großstadttrubel sucht, dem fällt als erstes natürlich der Central Park im Herzen von Manhattan ein. Doch der Liberty State Park ist dank seiner Lage am Hudson River und mit seinem unvergesslichen Blick auf One World Trade Center und Lady Liberty eine ebenbürtige Alternative. Zudem ist ein Abstecher in den Park – einem der schönsten im ganzen Bundesstaat New Jersey – gut mit einem Ausflug zur Freiheitsstatue und nach Ellis Island, auf der das berühmte Einwanderermuseum steht, kombinierbar.

One World Trade Center als Blickfang vom Liberty State Park

Schon die Anreise versprüht fast etwas wie Urlaubsstimmung: Vom Pier Brookfield Place/Battery State Park unweit des One World Trade Center legen die kleinen Fähren regelmäßig ab, alle 15 Minuten, und nach einem kurzen Zwischenstopp ist schnell der Anleger am Liberty State Park erreicht. Schon der erste Blick zurück nach Manhattan bleibt unvergesslich. Bedrückend und beeindruckend zugleich ist dann einige Meter entfernt, direkt am Ufer des Hudson River, die Sicht vom Empty Sky Memorial: Es ist die offizielle Gedenkstätte für die 749 Opfer aus dem Bundesstaat New Jersey, welche bei den Terroranschlägen vom 11. September 2001 getötet wurden. Das lang gezogene Memorial ist direkt auf den Standort der damaligen Twin Towers sowie auf das neu erbaute World Trade Center ausgerichtet. Es wurde 2011 anlässlich des zehnten Jahrestages der Terrorattacke eingeweiht.

Übersetzen mit der Fähre

Von hier aus führt die Uferpromenade vorbei am historischen Central Railroad of New Jersey Terminal, dem früheren Bahnhof für die Einwanderer, welche die USA via Ellis Island erreichten. Direkt im Anschluss wird der 1977 eröffnete Anleger für die Fähren nach Liberty Island passiert.

Gut 30 Minuten zieht sich dann der Weg bis zum südlichen Ende des Parks – immer wieder garniert mit einer schönen Aussicht auf die Wahrzeichen von New York. Somit ist die urbane Oase auch ein beliebter Platz, um das große Feuerwerk zum Independence Day alljährlich am 4. Juli anzuschauen. Überall laden Parkbänke und weite Grünflächen zum Verweilen ein, Kinder kommen auf dem Spielplatz auf ihre Kosten. Gut zu wissen: Selbst an Tagen im Hochsommer, wenn die Region unter großer Hitze stöhnt, weht hier immer eine frische Brise und bietet sich somit als Zufluchtsort an.

Großflächige Blumenbeete sorgen für das nötige Ambiente, zwischendrin erinnert eine Bronzestatue an Amerikas Entdecker Christopher Columbus. Während zum Fluss hin Grasflächen dominieren, ist im westlichen und südlichen Teil des Parks teils dichter Baumbestand anzutreffen. Wer sich sportlich betätigen möchte, erkundet das Areal per Fahrrad. Außerdem werden an einigen Wochenenden im Sommer zweistündige Kajaktouren angeboten.

Schöne Uferpromenade: die Skyline von Manhattan immer im Blick

Doch der Liberty State Park hat noch zu mehr bieten: Dazu zählt in erster Linie das Liberty Science Center. Das Wissenschaftsmuseum ist vor allem als das größte Planetarium der westlichen Hemisphäre bekannt. Der Komplex am westlichen Parkende umfasst überdies zwölf Ausstellungssäle, Aquarien, ein IMAX-Kino sowie Simulatoren, in denen sich Hurrikane nacherleben lassen. Gerade für Familien sicherlich ein lohnender Ausflug. Im Park selbst findet sich auch ein Interpretive Center, das Flora und Fauna sowie die Geschichte erläutert. Der Liberty State Park wurde 1976 eröffnet, aber mutmaßlich schon seit mehr als 10.000 Jahren besiedelt.

Direkt am Anleger der Fähre liegt mit dem Liberty House ein beliebtes Restaurant, das eine schöne Aussicht und an bestimmten Tagen Livemusik bietet.

> **INFO**
>
> **Lage:** 1 Audrey Zapp Drive, Jersey City, NJ 07305; am Westufer des Hudson River im benachbarten Bundesstaat New Jersey
>
> **Anfahrt:** Am einfachsten mit der Fähre ab Brookfield Place/Battery Park City am One World Trade Center zum Anleger Liberty Landing Marina, werktags zwischen 6 und 20:45 Uhr sowie am Wochenende von 9 bis 19:45 Uhr, Einzelfahrt für Erwachsene 7 USD, für Kinder 5 USD; *libertylandingferry.com*. Alternativ mit der PATH zur Station Exchange Place, dann weiter zu Fuß oder mit Light Rail und dann noch zwei Minuten mit der Fähre.
>
> **Öffnungszeiten:** Der Park ist täglich von 6 bis 22 Uhr zugänglich.
>
> **Kosten:** Kein Eintritt. Die Kajaktouren kosten 20 USD pro Person; Tel. +1 201 915 3400 ext. 202, *orlspnaturecenter@dep.nj.gov*
>
> **Aktivitäten:** Ein Besuch des Liberty State Park lässt sich gut mit einer Besichtigung der Freiheitsstatue verbinden, da die Fährtickets auch kombinierte Fahrten ermöglichen – beispielsweise ab Manhattan bis Liberty und Ellis Island, dann weiter nach New Jersey. Die Fähren zur Freiheitsstatue und nach Ellis Island legen zwischen 8:30 und 17 Uhr ab und kosten 23,80 USD für Erwachsene, 12,30 USD für Kinder und 18,30 USD für Senioren. Letzte Rückfahrt ab Ellis Island gen New Jersey um 19 Uhr; *statuecruises.com*. Das Liberty Science Center ist im Sommer täglich von 9 bis 17:30 Uhr geöffnet. Der Eintritt kostet ab 27,99 USD für Erwachsene und ab 22,99 USD für Kinder; *lsc.org*. Das Restaurant Liberty House ist täglich außer montags geöffnet; *libertyhouserestaurant.com*
>
> **Website:** *njparksandforests.org/parks/libertystatepark.html*

44. Sandy Hook: erholsames (Halb)insel-Glück im Atlantik

Der Strand erscheint unendlich und nahezu einsam. Es fühlt sich hier an wie auf einer abgelegenen Insel in der Südsee. Und doch wird Besuchern der Halbinsel Sandy Hook schnell klar, dass New York gar nicht weit weg ist: Zwar sieht es gen Süden so aus, als führe der Sand bis zum Horizont – doch gen Nordwesten ist bei guter Sicht die spektakuläre Skyline von Manhattan zu erspähen.

Schon die Anreise von Manhattan zur kleinen Halbinsel im Atlantik vor der Küste New Jerseys ist spektakulär. Mit etwa 30 Knoten (rund 55 Stundenkilometern) rauscht die Fähre übers Wasser. Während linker Hand Governors Island (siehe Seite 30) passiert wird, ist schon nach gut zehn Minuten die mächtige Verrazzano-Narrows Bridge erreicht, welche die Stadtteile Brooklyn und Staten Island verbindet. Nach diesem perfekten Fotomotiv mit der Brücke im Vordergrund und dem offenen Meer dahinter wird der Seegang stärker, der Atlantik lässt grüßen. Nach weiteren 20 Minuten schließlich ist der Bootsanleger im Westen der Halbinsel, wo das Meer weniger rau an Land schlägt, erreicht.

Sandy Hook haben auch viele New Yorker noch nicht besucht.

Vor Ort angekommen lässt sich dann die rund zehn Kilometer lange und 1,6 Kilometer breite Insel am besten per Fahrrad erkunden. Wer keine Lust auf eine Radtour hat, nutzt alternativ die kostenlosen Shuttlebusse der Fährgesellschaft, welche an den wichtigsten Punkten halten. Zudem ist die Halbinsel nicht nur mit der Fähre ab Manhattan, sondern auch per Auto zu erreichen. Wer Sandy Hook mit dem Fahrrad entdecken möchte, der stattet sich direkt gegenüber vom Fähranleger aus: Hier lassen sich Fahrräder (samt Helm und Schloss) mieten. Gut ausgerüstet können Besucher die hervorragenden Strände sowie den Leuchtturm und einige historische Gebäude bequem und individuell ansteuern. Nach North Beach,

Teile des alten Fort Hancock

dem vielleicht schönsten Punkt auf der Halbinsel, sind es mit dem Fahrrad nur wenige Minuten. An den Wochenenden steht hier oftmals ein Food Truck und offeriert Snacks. Für den Weg zum Wasser sind indes noch einige Minuten zu Fuß durch teils tiefen Sand einzuplanen. Doch der weite und meist wenig bevölkerte Strand mit seinen weißen Dünen entschädigt für die mühevollen letzten Minuten – samt Traumblick auf die Skyline der Millionenmetropole und den Atlantik. Für ein möglichst sicheres Badevergnügen sorgen die Life Guards, die den Strandabschnitt im Norden der Insel im Blick haben.

Die Strände auf beiden Seiten sind zweifelsohne die Highlights. Aber die Halbinsel hat noch mehr zu bieten: Sandy Hook Lighthouse, errichtet 1764, ist der älteste noch betriebene Leuchtturm der Vereinigten Staaten und steht für Besichtigungen offen. Umgeben ist er von den Kasernen des Fort Hancock – die Insel war über viele Jahre ein wichtiger Stützpunkt der Armee. Seit der Zeit des amerikanischen Bürgerkriegs bis in die Neuzeit im Jahr 1972 wurde die Halbinsel militärisch genutzt. Manche Einrichtungen wie die Nike Missile Radar Site – eine Abschussrampe für Nuklearraketen – können sogar besucht werden.

Sandy Hook Lighthouse

Überdies können Kanus und Kajaks gemietet werden, sodass auch Wassersportler voll auf ihre Kosten kommen. Gut zu wissen: Abgesehen von einigen Food Trucks sowie den Vermietern von Fahrrädern und Kanus ist die Insel weitgehend unerschlossen. Snacks und Getränke sowie Sonnenschutz gehören daher unbedingt in den Rucksack bei einem Ausflug nach Sandy Hook. Wer auf der Halbinsel übernachten möchte, kann unter einigen Bed & Breakfast-Unterkünften wählen. Oder ein eigenes Zelt mitbringen und sein Nachtlager auf einem kleinen Campingplatz aufschlagen.

Die Rückfahrt mit der Fähre rundet den Ausflug zu diesem ruhigen Platz in der Natur ebenso spektakulär ab, wie schon die Hinfahrt verlaufen war: Jetzt fällt der Blick auf die eindrucksvolle Skyline an der Südspitze von Manhattan – allen voran das One World Trade Center. Festzuhalten bleibt: Ein Abstecher nach Sandy Hook ist erholsames Kontrastprogramm zum doch meist recht anstrengenden Sightseeing im Big Apple.

> **INFO**
>
> **Lage:** Sandy Hook liegt rund 35 Fähr-Minuten von Manhattan entfernt, vor der Küste des benachbarten Bundesstaats New Jersey.
>
> **Anfahrt:** Die Halbinsel ist am einfachsten mit den Fähren von Seastreak zu erreichen, die an den Piers an der Wall Street (Pier 11 South Street) und der East 35th Street (nahe Grand Central Terminal) ablegen. Wochentags fahren die Fähren zweimal täglich, am Wochenende dreimal täglich. Preis (Hin- und Rückfahrt): 47 USD pro Person, Kinder 19 USD, werktags sogar kostenlos. Der Service wird nur von Ende Mai bis September angeboten; *seastreak.com/daytrips-and-getaways/sandy-hook-beach*
>
> **Öffnungszeiten:** Als Teil der Gateway National Recreation Area ist die Halbinsel ganzjährig zwischen 6 und 20 Uhr zugänglich.
>
> **Eintritt:** Kostenlos, aber zwischen Memorial Day und Labor Day fällt für Besucher mit dem Auto eine Parkgebühr von 20 USD pro Tag an.
>
> **Aktivitäten:** Der Leuchtturm kann im Regelfall besichtigt werden. Im Sommer können Kajaks (*sandyhookkayaks.com*) und Kanus (*recreation.gov/ticket/facility/252275*) sowie Fahrräder (*sandyhookbeachrentals.com/saho-bike-rental-rates.html*) gemietet werden.
>
> **Unterkünfte:** Nur wenige Bed & Breakfast-Unterkünfte stehen zur Verfügung. Der Campingplatz bietet Raum für 20 Zelte, eine Übernachtung kostet 30 USD pro Zelt; *recreation.gov/camping/campgrounds/234714*
>
> **Website:** *nps.gov/gate/planyourvisit/sandy-hook.htm*

Long Island: beliebtes Erholungsziel vor den Toren New Yorks

Nur wenige Kilometer von der Stadtgrenze New Yorks entfernt, präsentiert sich Long Island als perfektes Urlaubsparadies. Weite Strände, frische Seeluft und charmante Kleinstädte sind der passende Rahmen für entspannte Tage nach einem Sightseeing-Trip. Dank der Dünen und Millionärsvillen fühlen sich viele Reisende schnell an Deutschlands nördlichste Insel Sylt erinnert.

Der Weg zur Entspannung ist nicht weit: Der Jones Beach State Park, den viele New Yorker gern zum Baden und Surfen ansteuern, liegt gerade einmal 90 Minuten mit dem Auto vom One World Trade Center entfernt. Und bis nach Montauk, dem vielleicht schönsten Urlaubsort, sind es trotz des dichten Verkehrs nur gut drei bis vier Stunden Fahrzeit. Alternativ ist dieser östlichste Ort der Insel auch bequem mit der Eisenbahn an den Big Apple angebunden. Die Atlantikseite der Insel ist durch seine Strände auch bei internationalen Gästen durchaus bekannt. Wer mehr als nur Strand sucht, begibt sich am besten ins Landesinnere bzw. an die Westseite: Hier findet der Besucher auch auf Long Island Plätze jenseits des Massentourismus wie zum Beispiel den Skulpturengarten LongHouse Reserve oder das Inselidyll Shelter Island.

Montauk Lighthouse: Wahrzeichen an Long Islands Nordostspitze

Long Island

45. Jones Beach State Park: beliebtester Strand in der Region
46. Robert Moses State Park: Spaziergang zum Leuchtturm
47. Main Beach: prämierte Strandidylle in East Hampton
48. LongHouse Reserve: versteckter Skulpturengarten
49. Montauk: relaxtes Surfer-Idyll
50. Sag Harbor und Shelter Island: verträumte Örtchen in den Hamptons

LONG ISLAND

45. Jones Beach State Park: beliebtester Strand in der Region

Das Wahrzeichen ist schon von Weitem zu sehen und gut geeignet, Besucher zu irritieren: Der Jones Beach Water Tower ragt rund 60 Meter in die Höhe und erinnert in Form und Anmutung an den Markusturm im italienischen Venedig. Hier auf Long Island fungiert er quasi als Wegweiser zu einem der beliebtesten Strände im Großraum New York: In manchen Jahren besuchen bis zu acht Millionen Menschen den Jones Beach State Park mit seinem scheinbar nicht enden wollenden Strand.

Über gut zehn Kilometer (6,5 Meilen) erstreckt sich der Jones Beach auf der gleichnamigen Insel und gilt damit als der längste und beliebteste Familienstrand der Welt. Sonnenanbeter und Badegäste genießen hier trotz der großen Popularität des Strandes ausreichend Freiraum. Auch Wassersportler kommen dank des weitläufigen Areals auf ihre Kosten. Wellen und eine frische Meeresbrise

Über rund zehn Kilometer erstreckt sich der Strand.

vom Atlantik vermitteln echtes Urlaubsfeeling, sodass schon ein kurzer Besuch von nur wenigen Stunden viel Erholung verspricht. Und an kühleren Tagen lockt ein gemütlicher Spaziergang über die rund drei Kilometer lange hölzerne Promenade. Gerade für Familien lohnt überdies ein Besuch des Jones Beach Energy & Nature Center am westlichen Ende des Strands. Die Ausstellung erläutert den maritimen Lebensraum und die Dünenlandschaft. Ein weiterer Schwerpunkt der Ausstellung ist den erneuerbaren Energien und dem Klimawandel gewidmet.

Der Jones Beach Water Tower ist weithin sichtbar.

Doch der Jones Beach State Park hat noch mehr Möglichkeiten zum Baden zu bieten als den weiten Strand zum offenen Atlantik: Über rund 800 Meter zieht sich weißer Strand entlang der Zachs Bay, einer weitläufigen Bucht auf der Westseite der Insel. Gut geschützt lässt es sich gemütlich planschen. Gerade Familien mit Kindern dürften diesen Teil des State Park dem offenen Meer vorziehen. Rettungsschwimmer sind an beiden Stränden vor Ort. Und wer lieber sportlich Bahn um Bahn ziehen will, springt in den West Bathhouse Pool. Ursprünglich als Salzwasserbecken angelegt, ist das Becken heute mit nahezu 300.000 Litern Frischwasser gefüllt.

Darüber hinaus ist Jones Beach für sein Open-Air-Festivalgelände bekannt: Santana, ZZ Top und Deep Purple sowie die deutsche Hardrock-Band Rammstein standen hier schon auf der Bühne, welche bis ans Wasser der Zachs Bay reicht. Rund 15.000 Plätze fasst das Open-Air-Theater, das seit der Eröffnung in den 1930er-Jahren mehrfach schwer zerstört wurde, zuletzt von Hurrikan Sandy im Jahr 2012. Auch an der sogenannten Jones Beach Bandshell am Atlantikstrand finden regelmäßig Konzerte statt. Hinzu kommen

Lang gezogene Promenade am Jones Beach

zahlreiche weitere Veranstaltungen wie beispielsweise ein großes Feuerwerk am Nationalfeiertag 4. Juli sowie eine Flugshow Ende Mai.

Neben zahlreichen Ständen, die zuweilen entlang der Promenade aufgebaut werden, finden sich mehrere Snackbars und Cafés direkt am Strand, darunter das Boardwalk Cafe an der sogenannten Central Mall. Weiter östlich, etwas abseits vom Jones Beach, liegen überdies die Restaurants Gilgo Beach Inn und Salt Shack Seaside Grill.

Der Jones Beach State Park mit seinen Gebäuden im Art-déco-Stil wurde 1929 eröffnet. Doch um das Strandbad überhaupt zu ermöglichen, waren umfangreiche Bauarbeiten notwendig: Denn seinerzeit war Jones Beach Island nicht viel mehr als eine Sandbank, die sich keinen Meter über den Meeresspiegel erhob und regelmäßig überspült wurde. So wurde in einem ersten Schritt Sand aufgeschüttet, bis der Strand knapp vier Meter hoch war. Anschließend pflanzten im Sommer 1928 Tausende Arbeiter großflächig Strandgras, um das neu geschaffene Land vor Verwehungen zu schützen. Am östlichen und westlichen Ende ließ Initiator Robert Moses, seinerzeit Präsident der Long Island State Park Commission, große Badehäuser errichten.

INFO

Lage: 2400 Ocean Parkway, Wantagh, NY 11793; auf Long Island direkt am Atlantik

Anfahrt: Am einfachsten mit dem Auto über den Meadowbrook State Parkway oder den Wantagh State Parkway, etwa 90 Minuten von Manhattan entfernt. Alternativ mit der Long Island Rail Road (LIRR, *mta.info/lirr*) zur Station Freeport und dann in rund 20 Minuten mit dem Bus n88 weiter zum Strand.

Öffnungszeiten: Die offizielle Badesaison geht vom Memorial Day-Wochenende im Mai bis Mitte September. Der Pool ist zwischen Mai und Anfang September täglich geöffnet (Montag bis Freitag 10 bis 18 Uhr, Wochenende 9 bis 20 Uhr). Je nach Jahreszeit ist ein Minigolfplatz bespielbar. Für eine Partie Boccia werden 10 USD fällig, für ein Tischtennis-Match 5 USD (jeweils pro Person und Stunde). Das Jones Beach Energy & Nature Center ist täglich von 9 bis 16:30 Uhr kostenlos zugänglich; *jonesbeachenc.org*

Kosten: Kostenlos, aber die Gebühr auf den riesigen Parkplätzen für fast 15.000 Fahrzeuge am Jones Beach beträgt 18 USD pro Tag. Sonnenliegen respektive Sonnenschirme können für 15 USD pro Stück und Tag geliehen werden. Eine Runde Minigolf kostet 7 USD. Wer den Pool benutzen möchte, zahlt 5 USD als Erwachsener, Kinder und Senioren 3 USD (Schließfächer zusätzlich 5 USD pro Person).

Übernachten: Im Jones Beach State Park gibt es keine Unterkünfte, aber beispielsweise in Freeport.

Aktivitäten: Neben Toiletten und Duschen sind Picknicktische und Spielplätze sowie ein Bootsanleger mit Marina und ein langer Pier zum Angeln vorhanden. Im Open-Air-Theater Jones Beach Theater (*jonesbeach.com*) treten national und international bekannte Künstler auf. Der Abenteuerpark Wildplay umfasst einen Klettergarten (44,99 USD) und eine Zipline am Strand (19,99 USD); *wildplay.com/jones-beach*

Website: *parks.ny.gov/parks/jonesbeach*

46. Robert Moses State Park: Spaziergang zum Leuchtturm

Gut fünf Meilen feinster Sandstrand erwartet Besucher im Robert Moses State Park auf dem lang gezogenen schmalen Eiland Fire Island. Während die Wellen gemächlich auf den Strand zurollen, herrscht hier zwischen Atlantik und Dünen eine gemütliche Atmosphäre, viel ruhiger und ursprünglicher als am benachbarten Jones Beach im gleichnamigen State Park (siehe Seite 242). Kein Wunder, dass pro Jahr mehr als drei Millionen Menschen den ältesten State Park von Long Island besuchen – doch von diesem Andrang ist vor Ort wenig zu spüren.

Der 1908 gegründete Robert Moses State Park liegt am westlichen Ende von Fire Island außerhalb des Schutzgebietes Fire Island National Seashore. Besucher können unter mehreren Stränden wählen (bezeichnet als Robert Moses State Park Field 2 bis 5), die malerisch von kleinen Dünen gesäumt sind. Neben Schwimmen sind auch

Durch die Dünen, die an die Nordseeinsel Sylt erinnern, führt ein kurzer Pfad zum Leuchtturm.

Surfen und Angeln erlaubt. Gut zu wissen: An den Stränden 3 und 4 sind Radios und laute Musik verboten – perfekt für Ruhe suchende Sonnenanbeter. Überall stehen Duschen und Toiletten zur Verfügung, zuweilen auch Cafés und kleine Shops. Sonnenschirme und Strandliegen können gemietet werden. Ein Golfplatz, eine Marina für 40 Boote sowie Picknickplätze und Volleyballfelder runden das Angebot ab.

Als besonders beliebt gilt Strand Nummer 5: Von hier aus können Urlauber in gut 25 Minuten zum Fire Island Lighthouse spazieren – eine gute Abwechslung während eines Tages am Meer. Natürlich lässt sich der Leuchtturm auch besichtigen: Wer die 182 Stufen nach oben bezwingt, wird mit fantastischer Aussicht auf Fire Island, die Buchten und den Atlantik belohnt.

Der Leuchtturm wurde erstmals 1826 errichtet und spielte seinerzeit eine bedeutende Rolle für die internationale Seefahrt auf dem Weg zum Hafen von New York. Für Auswanderer aus der „alten Welt"

war es oftmals der erste Flecken Land nach der Überquerung des Atlantiks. 1855 wurde ein neues Lighthouse errichtet, das später erst seinen schwarz-weißen Anstrich erhielt. Am 20. September 1938 wurde das rund 50 Meter hohe Gebäude ans Stromnetz angeschlossen – ein Tag, bevor ein Hurrikan das Stromnetz auf Long Island teilweise zerstörte. Endgültig seine Funktion verlor das Fire Island Lighthouse zum Jahreswechsel 1973/1974, als der Robert Moses State Park Water Tower entsprechend ausgerüstet wurde. Mittlerweile leuchtet das Fire Island Lighthouse wieder, nachdem sich ein Förderverein für die Restaurierung des historischen Gebäudes einsetzte, das 1984 ins National Register of Historic Places aufgenommen wurde. Heute ist das Licht der beiden 1000 Watt starken Glühbirnen alle 7,5 Sekunden über rund 21 bis 24 Meilen zu sehen.

Der Robert Moses State Park und das Fire Island Lighthouse liegen außerhalb des maritimen Schutzgebiets. Wer die weiter östlich gelegenen Orte von Fire Island, wo sich auch einige Unterkünfte befinden, besuchen möchte, muss zurück aufs Festland und dann mit der Auto-Fähre übersetzen. Eine öffentlich befahrbare Straße über die gesamte knapp 50 Kilometer lange Insel existiert nicht.

Fire Island Lighthouse

INFO

Lage: An der Ostküste von Long Island, Robert Moses Causeway, Babylon, NY 11702

Anfahrt: Der Robert Moses State Park ist am einfachsten mit dem Auto erreichbar – die Fahrtzeit vom One World Trade Center in New York liegt bei gut 90 Minuten, zum benachbarten Jones Beach sind es gut 20 Minuten, nach Montauk an der Ostspitze von Long Island knapp zwei Stunden. Alternativ fährt ein Zug zur Babylon Train Station der Long Island Rail Road (LIRR); *mta.info/lirr*. Von dort weiter mit dem Bus S47; *sct-bus.org/schedules/s47.pdf*. Die Verbindung gilt als umständlich und langwierig.

Öffnungszeiten: Der Park ist ganzjährig zugänglich. Die Duschen sind nur in der Badesaison von Sonnenaufgang bis -untergang geöffnet.

Kosten: Die Parkgebühren variieren je nach Saison und liegen in der Badesaison zwischen dem Memorial Day-Wochenende und Labor Day bei 10 USD pro Auto, in der Nebensaison bei 8 USD. Zwischen Dezember bis Anfang April kostenlos.

Übernachten: Im Robert Moses State Park gibt es keine Hotels und auch keinen Campingplatz. Auf dem nahen Festland stehen Unterkünfte aller Preislagen zur Auswahl.

Aktivitäten: Das Fire Island Lighthouse samt Museum und Souvenirshop ist täglich zugänglich, wobei die Öffnungszeiten je nach Jahreszeit variieren, Kernzeit ist 10 bis 16 Uhr. Der Eintritt für eine Tour liegt bei 10 USD für Erwachsene, Senioren über 65 und Kinder unter 12 Jahren zahlen 5 USD; *fireislandlighthouse.com*. Im Robert Moses State Park liegt auch ein öffentlicher 18-Loch-Golfplatz, malerisch zwischen Meer und Strand. Die Green Fee beträgt 11 USD. Der Platz ist zwischen Anfang April und Mitte November bespielbar; *parks.ny.gov/golf/12/details.aspx*

Websites:
- *parks.ny.gov/parks/7*
- *nps.gov/fiis/index.htm*

47. Main Beach: prämierte Strandidylle in East Hampton

Die Empfehlung von John, Besitzer einer Bed & Breakfast-Unterkunft in Montauk, ist eindeutig: „Diesen Strand musst du unbedingt besuchen! Wird regelmäßig zu den schönsten der USA gekürt." In der Tat: „Dr. Beach", in Wahrheit Dr. Stephen P. Leatherman von der Florida International University, kürte den Main Beach schon mehrfach unter die Top Ten der schönsten Strände im ganzen Land.

Leise säuselt der Wind, die Wellen rollen sanft auf den breiten Strand zu, Dünen trennen das Hinterland vom Strand ab. Der Life Guard hat die Badegäste fest im Blick und vermittelt das nötige Gefühl eines sicheren Strandvergnügens. Hier scheint die Zeit ein wenig stehen geblieben zu sein, so lieblich wirkt ein Tag am Main Beach in East Hampton. Und selbst Anfang Juni kann es hier mit rund 25 Grad Celsius schon angenehm warm sein, ideal zum Sonnenbaden. Eine mit Kreide beschriftete Tafel macht Strandgäste allerdings stutzig: Die Wassertemperatur liegt zuweilen noch bei frischen zwölf Grad! Dennoch stürzen sich viele ins kalte Nass. Wer diese Temperaturen nicht gewohnt ist, dem schmerzen schnell Füße und Waden, so kalt ist das Wasser. Aber eine gute Erfrischung vom Sonnenbaden ist die Runde im Meer dann doch. Und zugegebenermaßen: Würden nicht die Strandkörbe als Symbol deutschen Strandlebens fehlen, könnten Besucher den Main Beach in East Hampton auch mit der Küste von Sylt, Deutschlands nördlichster Insel, verwechseln. Hier aber dominieren kleine Beach Chairs und Sonnenliegen. Wer viel Glück hat, kann für Nordamerika typische Küstenvögel wie den Gelbfuß-Regenpfeifer beobachten.

Gelbfuß-Regenpfeifer

Das Erholungsparadies wird von einem historisch anmutenden Strandpavillon abgerundet. Hier sind Snacks und Erfrischungen erhältlich. Und wieder bestätigt sich der Eindruck, als sei die Zeit hier vor einigen Jahrzehnten stehen geblieben: Hier ist Bargeld

Entspanntes Strandleben am Main Beach

gefragt, Kreditkarten werden nicht akzeptiert. Doch das soll das Strandvergnügen nicht schmälern. Dafür sorgen höchstens die happigen Parkgebühren von 30 Dollar pro Tag.

Der Main Beach ist indes nicht der einzige prämierte Strand in der Region. Weiter südlich lockt ein weiterer Geheimtipp: Cooper's Beach in Southampton wurde von „Dr. Beach" schon einmal zum

Rettungsschwimmer sind regelmäßig vor Ort und sorgen für sicheres Badevergnügen.

viertschönsten Strand des Landes gekürt. Doch die noch höheren Parkgebühren von 50 Dollar schrecken dann doch viele zu Recht ab. Dabei gilt der Strandabschnitt als besonders ruhig. Liegen und Sonnenschirme können stundenweise geliehen werden. Als kostenlose Alternative bietet sich der Gin Lane Beach an. Und wer Lust hat auf ausgedehnte Spaziergänge in den Dünen, allerdings durch tiefen Sand, steuert den Shinnecock East County Park an. Wer ein Allrad-Fahrzeug sowie die notwendigen Genehmigungen hat, darf hier sogar direkt zum Strand durchstarten. Zwischen dem lagunenartigen Shinnecock Inlet und dem Atlantik ist dieses Schutzgebiet unberührt und ein wahrer Tipp für Individualreisende.

INFO

Lage: 101 Ocean Avenue, East Hampton, NY 11937; direkt am Atlantik

Anfahrt: Nur mit dem Auto erreichbar, rund zweieinhalb Stunden von New York oder eine Stunde von Montauk entfernt. Die Innenstadt von East Hampton mit Geschäften, Galerien und Cafés ist nur wenige Fahrminuten entfernt.

Öffnungszeiten: Rettungsschwimmer sind von 9 bis 17 Uhr vor Ort, Baden im Atlantik ist nur in dieser Zeit gestattet.

Eintritt: Kostenlos, aber die Parkgebühr am Main Beach beträgt 30 USD pro Tag. Am Cooper's Beach werden sogar 50 USD fällig. Öffentliche Parkplätze gibt es jeweils nicht in der Nähe. Für den Shinnecock East County Park ist ebenfalls eine Gebühr fällig.

Übernachten: In East Hampton und Montauk stehen zahlreiche, meist eher teure Hotels und Bed & Breakfast-Unterkünfte zur Auswahl. Im Shinnecock East County Park ist bei entsprechender Genehmigung Camping erlaubt (nur sog. Self-Contained-Wohnmobile mit Toilette).

Websites:
- *easthamptonvillage.org/Facilities/Facility/Details/Main-Beach-2*
- *suffolkcountyny.gov/Departments/Parks/Our-Parks/Shinnecock-East-County-Park*

48. LongHouse Reserve: versteckter Skulpturengarten

Vor allem für weite Strände, luxuriöse Geschäfte und teure Restaurants ist das mondäne East Hampton bekannt. In der warmen Jahreszeit überfluten Besucher aus dem nahen New York sowie Reisende aus dem ganzen Land und der ganzen Welt den Ort an der Ostküste von Long Island. Doch einige Kilometer vom touristischen Zentrum entfernt, findet sich ein echtes Kleinod der Kunst: das LongHouse Reserve mit seinem rund 6,5 Hektar großen Garten. Zu diesem 1992 eröffneten Idyll passt, dass die Gartenanlage nur von Mittwoch bis Samstag öffentlich zugänglich ist.

Skulpturen im herrschaftlichen Garten

60 Skulpturen liegen verstreut im Park.

Schon die kleine Baumallee zum Eingang strahlt Schönheit und Ruhe aus, die sich als echte Wohltat zum quirligen Long Island erweist. Dabei weiß das Auge gar nicht, wo es zuerst hinschauen soll: auf die mehr als 60 Skulpturen unterschiedlichster Form, Farbe und Größe – oder doch erst auf den verwunschenen, pittoresk wirkenden Garten. Natur und zeitgenössische Kunst wechseln sich hier ab, ohne einander zu stören. Dank der großzügigen Anlage wirkt alles harmonisch eingebettet und nicht überladen.

Zu den herausragenden Exponaten zählen beispielsweise die 1998 geschaffene Skulptur „Fly's Eye Dome" sowie das überdimensional große Schachbrett „Play it by Trust" mit ausschließlich weißen Figuren, kreiert einst von Yoko Ono, Ehefrau des erschossenen Beatle-Stars John Lennon. Vom Inhaber und Schöpfer der Anlage, dem Modedesigner und Unternehmer Jack Lenor Larsen persönlich, wurde der „Red Garden" entworfen. Dazwischen mischen sich weitere Pflanzen wie Narzissen, Krokusse und Wasserlilien bis hin zu Redwood-Bäumen. Natur und zeitgenössische Kunst schmiegen sich ein in kleine Täler, Sanddünen und teils dichten Baumbewuchs.

Während der Garten für Besucher zugänglich ist, ist das LongHouse weiterhin als privater Bereich des Gründers geschützt. Gleichwohl können Besucher gut mehrere Stunden in diesem Kleinod der Kunst verweilen und die Vielzahl an Sehenswertem erkunden. Ein Besuch hierher entführt in eine Oase des Schönen und Ruhigen.

Blick auf das LongHouse

Der Park wurde vom Designer Jack Lenor Larsen geschaffen.

INFO

Lage: 133 Hands Creek Road, East Hampton, NY 11937

Anfahrt: Das LongHouse Reserve liegt in East Hampton, mit dem Auto etwa 15 Minuten vom Main Beach (siehe Seite 250) entfernt.

Öffnungszeiten: Von Mittwoch bis Samstag, jeweils 12:30 bis 17 Uhr

Eintritt: Der Besuch kostet 15 USD für Erwachsene, 10 USD für Kinder. Kostenlose Parkplätze vorhanden.

Aktivitäten: Das Parrish Art Museum lohnt gerade für Kunstinteressierte ebenfalls einen Besuch und liegt nur 30 Autominuten vom LongHouse Reserve entfernt. Die Dauerausstellung zeitgenössischer Kunst umfasst beispielsweise Werke von Roy Lichtenstein und Jackson Pollock; *parrishart.org*. Direkt neben dem Museum findet sich mit dem Duck Walk Vineyard einer der renommiertesten Winzer von Long Island – samt Livemusik lokaler Künstler am Wochenende zur Weinprobe; *duckwalk.com*

Website: *longhouse.org*

49. Montauk: relaxtes Surfer-Idyll

Wer nach einem anstrengenden Sightseeing-Trip in der Millionenmetropole Entspannung sucht, steuert am besten das relaxte Strandörtchen Montauk an der Ostspitze von Long Island an. Hier treffen gechillte Surfer und Strandurlauber auf relaxten Lifestyle – weniger abgehoben als beispielsweise im mondänen East Hampton.

Montauk gilt als das Mekka der Surfer. Ihr Hotspot ist der legendäre Strand Ditch Plains. Nur wenige Meter vom berühmten Leuchtturm entfernt, türmen sich mit die höchsten Wellen an Amerikas Ostküste auf. Hier erleben Wellenreiter den perfekten Ritt über den Atlantik. Mit relaxtem Ambiente punktet auch der Kirk Beach Park,

Spaziergang unterhalb der Klippen des Montauk Lighthouse

nur wenige Gehminuten von der Innenstadt und vielen Unterkünften entfernt. Der Strand zieht sich über viele Kilometer und ist von manchen Bed & Breakfast-Unterkünften nur durch eine Straße getrennt. Rettungsschwimmer sind vor Ort, ein Supermarkt ist ebenso nah, Duschen sind vorhanden. Wer es sich hier bequem macht, genießt einen entspannten Strandtag am Meer. Aber auch Besucher, die gemächlichen Wassersport suchen, werden in Montauk fündig. Für einen Ausflug über den kleinen See, genannt Fort Pond, können Tret- und Segelboote sowie Kanus gemietet werden. Auch eine kleine Minigolfanlage findet sich. Mehrere Geschäfte laden zudem im kleinen Stadtkern zum Bummeln ein.

Der Leuchtturm ist wohl das Symbol schlechthin für Montauk: Am östlichen Ende der 190 Kilometer langen und 32 Kilometer breiten

Insel thront seit 1796 das 34 Meter hohe Montauk Lighthouse, dessen Lichtstrahl über eine Distanz von 19 nautischen Meilen (35 Kilometern) gesehen werden kann. Der Leuchtturm – 137 Stufen bis zur Spitze – kann besichtigt werden. Amerikas erster Präsident George Washington höchstpersönlich gab den Bau 1792 in Auftrag. Es war seinerzeit der erste Leuchtturm in New York State und erst der vierte in den USA. Im kleinen Museum wird bis heute der schriftliche Auftrag Washingtons zur Errichtung des markanten Bauwerks aufbewahrt, das heute als National Historic Landmark geschützt ist.

Beliebter Snack in den Hamptons: Lobster Roll

So vielseitig wie das Freizeitangebot in Montauk ist auch das kulinarische Angebot: Das vielleicht bekannteste Restaurant der Region trägt den passenden Namen: Einen Stopp im Restaurant The Lobster Roll, auch als „Lunch" bekannt, sollte sich niemand entgehen lassen. Denn die Lobster Roll – also Hummerfleisch in einem Brötchen – ist hier quasi so weit verbreitet wie bei uns die Currywurst. Die bodenständige Küche bei attraktiven Preisen in einem einfachen Haus am Straßenrand ist Kult. Gediegener und mit besserer Aussicht geht es an der Westküste zu. Am Sunset Beach, nah zum Hafen von Montauk, lassen sich die letzten Sonnenstrahlen des Tages gut bewundern. Dort findet sich mit Gosman's Dock auch gleich das passende Restaurant zum Dinner – Lobster zum Sunset inklusive.

Zudem etablierte sich auf Long Island eine aktive Craft Beer-Szene. Besonders beliebt ist die Montauk Brewing Company, deren köstliches Bier beispielsweise auch in Restaurants rund ums One World

Trade Center in Manhattan ausgeschenkt wird. Wer vor Ort vom Probieren nicht genug hat, bekommt es frisch in großen Dosen zum Mitnehmen abgefüllt.

> **INFO**
>
> **Lage:** Montauk liegt an der Ostspitze von Long Island.
>
> **Anfahrt:** Um die vielen Strände und Sehenswürdigkeiten zu besuchen, empfiehlt sich eine Reise mit dem Mietwagen. Von Manhattan bis Montauk dauert die Fahrt rund drei bis vier Stunden. Auch wer in der Innenstadt vom Big Apple mietet, kann das Fahrzeug meist am Flughafen JFK zurückgeben. Alternativ fährt die Long Island Rail Road (LIRR) ab Penn Station in gut drei Stunden nach Montauk; *mta.info*
>
> **Öffnungszeiten:** Im Hochsommer und ganzjährig an den Wochenenden sind die Hamptons ein sehr beliebtes Ziel. Im Winter sind viele Attraktionen und Restaurants geschlossen.
>
> **Aktivitäten:** Das Montauk Lighthouse als Wahrzeichen von Montauk kann besichtigt werden: 12 USD Eintritt pro Erwachsener plus Parkgebühr 8 USD; *montauklighthouse.com*. Am Wochenende verleiht das Puff & Putt Family Fun Center Boote aller Art und betreibt eine Minigolfanlage; *puffandputt.business.site*. Das Restaurant The Lobster Roll ist bekannt für seine solide Küche und das bodenständige Ambiente; *lobsterroll.com*. Am Hafen von Montauk können Gäste bei Gosman's Dock zwischen Restaurant, Café und Bar wählen; *gosmans.com*. Die Montauk Brewing Company zählt zu den beliebtesten Craft-Brauereien; *montaukbrewingco.com*
>
> **Unterkünfte:** Die Hamptons sind eines der beliebtesten Reiseziele der USA. Selbst für ein Zimmer in einem B&B werden schnell 300 USD pro Nacht fällig. Eine frühzeitige Reservierung hilft beim Sparen. Wochenenden besser meiden: Dann strömen die Großstädter auf die Insel und sorgen für Staus auf den Straßen und teure Zimmer in den Unterkünften.
>
> **Websites:**
> - *montaukchamber.com*
> - *discoverlongisland.com*

50. Sag Harbor und Shelter Island: verträumte Örtchen in den Hamptons

Es wirkt zuweilen, als hätte der Tourismus das alte Fischerdorf auf Long Island noch nicht entdeckt. Rund um den Jachthafen von Sag Harbor geht es wohltuend ruhig zu. Am lautesten tönen noch die Möwen und das Geklimper der wogenden Segel auf den teils recht beeindruckenden Booten. Der älteste kommerzielle Hafen in New York State ist damit die perfekte Einstimmung für das noch ruhigere Shelter Island. Sag Harbor bietet eine echte Auszeit von den sonst so pulsierenden Hamptons. Und dank des hier Mitte des 19. Jahrhunderts vom amerikanischen Schriftsteller Herman Melville verfassten Romans „Moby Dick" ist das Örtchen doch weltweit bekannt.

In Sag Harbor ist der Jachthafen mit dem angrenzenden World War II Memorial ein guter Ausgangspunkt für einen gemütlichen Stadtrundgang durch den Ort. Hier in der weiten Bucht lässt sich eine frische maritime Brise genießen. Schnell gewöhnt man sich an die bunten, meist mit vielen Blumen dekorierten Häuser und die vergleichsweise leeren Straßen und Gehwege. Als Fotostopp bietet sich das 1913 eingeweihte Cinema mit seiner prächtigen Fassade an. Entlang der Main Street finden sich zahlreiche kleine Geschäfte, ideal für einen gemütlichen Stadtbummel. Die historische Innenstadt zählt zu den National Historic Places. Unbedingt zu besichtigen ist das kleine Hotel The American, seit 1846 eine Institution. Überdies lohnt ein Besuch des Sag Harbor Whaling and Historical Museum, ebenfalls auf der Main Street

Jachthafen von Sag Harbor

gelegen. Es informiert anschaulich über die Vergangenheit der einstigen Walfänger, die damals für Ruhm und Reichtum des Ortes sorgten. Der ehemalige US-Präsident Bill Clinton sorgte nach seinem Besuch 1998 höchstpersönlich dafür, dass das 1845 errichtete Gebäude zum sogenannten National Treasure erklärt wurde.

Blick auf Shelter Island

Als Abschluss können Besucher unter zahlreichen gemütlichen Restaurants und Cafés wählen, in denen es verglichen mit East Hampton oder Montauk ebenfalls wohltuend bodenständig zugeht. Neben dem Restaurant im The American Hotel bietet sich hierfür insbesondere das Dockside Bar & Grill mit Blick auf den Hafen an. Alternativ lässt sich ein Ausflug am Strand ausklingen – entweder am kleinen Windmill Beach am Ende der Main Street oder am weiten Havens Beach, einige Minuten außerhalb der Innenstadt.

Wer mehr Zeit mitbringt und noch mehr Ruhe sucht, sollte auf die kleine Insel Shelter Island übersetzen. Mit dem Auto sind es von Sag Harbor nur wenige Minuten bis zum Anleger, und auch die Fährpassage über den Peconic River dauert nur kurz. Long Island und insbesondere die Hamptons sind seit jeher als Wochenend-Zufluchtsstätte

Wahrzeichen von Sag Harbor

reicher New Yorker bekannt. Doch hier auf der kleinen Insel, die als Ort 1730 offiziell gegründet und zunächst vor allem von Quäkern besiedelt wurde, sind viele der viktorianischen Cottages schon seit Generationen in Familienbesitz. Wer hier ein Häuschen sein Eigen nennt, zählt entweder seit jeher zum Geldadel und der Upperclass oder ist tatsächlich noch ein Einheimischer. Besucher freuen sich über ruhige, wellenarme Strände und kleine familiäre Unterkünfte. Das touristische Angebot ist klein. Perfekt zum Entspannen. Alternativ bieten sich Wanderungen in den Feuchtgebieten sowie Kajaktouren auf der weiten Lagune namens Coecles Harbor an. Als Restaurant empfiehlt sich angesichts der geringen Auswahl der Marie Eiffel Market nah

Prunkvolles Anwesen auf Shelter Island

zum nördlichen Fährhafen. Ein Tag auf Shelter Island bietet somit gemütliche Erholung in maritimer Atmosphäre. Gut zu wissen: Wer beispielsweise in Montauk seinen Urlaub verbringt, kann Sag Harbor und Shelter Island auch gut auf der Rückfahrt nach New York besuchen und sogar problemlos noch einen der späten Rückflüge ab JFK nach Europa erreichen.

> **INFO**
>
> **Lage:** Im Nordosten von Long Island in einer weiten Bucht, welche die Insel in zwei Teile teilt.
>
> **Anfahrt:** Sag Harbor liegt wenige Autominuten von East Hampton entfernt. Von Manhattan aus werden regelmäßig Tagesausflüge angeboten. Shelter Island ist von Norden wie Süden per Fähren erreichbar, die nahezu rund um die Uhr verkehren; *southferry.com*, *northferry.com*
>
> **Öffnungszeiten:** Ganzjährig
>
> **Kosten:** Eine Überfahrt mit der Fähre vom Süden (Sag Harbor) nach Shelter Island kostet pro Auto 15 USD, für Fußgänger 2 USD und für Fahrradfahrer 4 USD, jeweils pro Fahrt. Vom Norden (Greenport) aus werden pro Auto 14 USD fällig, für Fußgänger 2 USD und für Fahrradfahrer 4 USD, jeweils pro Fahrt.
>
> **Aktivitäten:** Das Sag Harbor Whaling & Historical Museum ist täglich von 10 bis 17 Uhr geöffnet. Der Eintritt kostet 8 USD für Erwachsene, 6 USD für Senioren und 3 USD für Kinder unter 11 Jahren; *sagharborwhalingmuseum.org*. Das Restaurant im The American Hotel ist täglich geöffnet; *theamericanhotel.com/restaurant*. Das Restaurant Dockside Bar & Grill ebenso; *docksidesagharbor.com*. Zweistündige geführte Kajaktouren für 60 USD pro Person auf Shelter Island organisiert Shelter Island Kayak, die Miete kostet ab 30 USD; *kayaksi.com*. Das Restaurant Marie Eiffel Market ist im Sommer täglich geöffnet; *marieeiffelmarket.com*
>
> **Websites:**
> - *sagharborchamber.com*
> - *shelterislandtown.us*

Reisetipps von A bis Z

Anreise

Keine Metropole außerhalb Europas ist besser erreichbar! Nonstop-Flüge zum New Yorker Flughafen John F. Kennedy (JFK) sowie nach Newark (EWR) im benachbarten Bundesstaat New Jersey werden ab Berlin, Frankfurt und München sowie ab Wien, Genf und Zürich angeboten. Hinzu kommen zahlreiche Umsteigeverbindungen, beispielsweise via Amsterdam, London, Paris und Reykjavik. Tickets sind teils schon ab 350 EUR buchbar. Bei der Buchung darauf achten, ob Aufgabegepäck im Ticketpreis enthalten ist. Teils sind Specials in der komfortableren Reiseklasse zwischen Business- und Economy Class (z. B. „Premium Economy" genannt) ab 800 EUR erhältlich.

Vom stadtnäheren Flughafen JFK (*jfkairport.com*) fahren Taxis (Yellow Cabs) zum Festpreis von 52 USD (plus ggf. Gebühren von rund 3 bis 15 USD zuzüglich Trinkgeld) in rund 60 bis 90 Minuten nach Manhattan. Dieser Preis gilt jedoch nicht für die Fahrt in andere Stadtteile und nicht für den Rückweg zum Flughafen. Private Direkt-Shuttle kosten pro Auto zwischen 70 und 110 USD (plus ggf. Maut). Am preiswertesten und am schnellsten ist eine Fahrt mit der Subway (3 USD pro Fahrt) in Verbindung mit dem sogenannten AirTrain (7,75 USD pro Person), der direkt am Flughafen abfährt, via den Stationen Jamaica oder Howard Beach. Von Newark (*newarkairport.com*) ist die Anreise länger und teurer: Mit dem Taxi kostet die Fahrt nach Manhattan ab rund 70 USD, ein privater Shuttle ab 100 USD. Auch mit Bus und Bahn ist eine Fahrt nach Manhattan möglich. Der Flughafen LaGuardia (*laguardiaairport.com*) wird vor allem für Flüge innerhalb der USA genutzt. Durch die Nähe zu Manhattan bietet sich LaGuardia für Inlandsflüge vor oder nach einem Besuch in New York an.

Einreise

Deutsche Staatsangehörige können bei Urlaubs- oder Geschäftsreisen ohne Visum in die USA einreisen, sofern bestimmte Voraussetzungen erfüllt sind. Als Teilnehmer am sogenannten US-Visa-Waiver-Programm müssen sie aber im Besitz einer elektronischen Einreisegenehmigung (ESTA) sein. Die Einreiseerlaubnis gilt für beliebig viele Einreisen innerhalb von zwei Jahren (max. 90 Tage Aufenthalt pro Reise). Das ESTA muss bis spätestens 72 Stunden vor Reiseantritt beantragt werden und kostete im März 2022 14 USD pro Person. Voraussetzung hierfür ist ein elektronischer Reisepass (e-Pass mit Chip). Bei der Einreise werden im Regelfall Fingerabdrücke und Fotos registriert. An den Flughäfen JFK und EWR können Reisende mittlerweile auch Automaten nutzen, sofern sie mit ihrem aktuellen ESTA bereits einmal in die USA eingereist sind. In diesem Fall erfolgt nur ein kurzes Gespräch mit dem Immigration Officer. Bei beiden Flughäfen sollten Reisende mit mindestens einer Stunde rechnen für Einreiseformalitäten und Gepäckabholung.

Gut zu wissen: Das ESTA möglichst direkt bei der zuständigen US-Behörde beantragen (*esta.cbp.dhs.gov/esta/application.html?execution=e1s1*). Mittlerweile haben sich einige Vermittler etabliert, die für den gleichen Service deutlich höhere Kosten berechnen. Und: Über die tatsächliche Einreise entscheidet erst der Grenzbeamte in den USA – ein gültiges ESTA berechtigt noch nicht zum Grenzübertritt! Wer vor einer USA-Reise bestimmte Länder besucht hat, ist vom ESTA-Verfahren ausgeschlossen und benötigt ein Visum. Das VISA-Waiver-Programm gilt auch für österreichische und Schweizer Staatsangehörige.

Angesichts der anhaltenden Corona-Pandemie bestehen weitere Einreisebestimmungen. Zum Redaktionsschluss dieses Buches (März 2022) durften nur vollständig geimpfte Personen – mit Ausnahme von Kindern Kindern, ausgewählten Einzelfällen sowie US-amerikanischen Staatsbürgern – auf dem Luftweg einreisen. Überdies waren ein maximal ein Tag alter, negativer Corona-Test (Antigen- oder PCR-Test) und das Ausfüllen des Formulars „Combined Passenger Disclosure and Attestation to the US" vorgegeben. Diese Regeln können sich jederzeit auch mit geringer Vorlaufzeit ändern. Reisende sollten sich zum Zeitpunkt der Buchung und erneut kurz vor Abflug in die USA umfassend informieren. Gleiches gilt für die Regeln zur Rückreise nach Europa.

Wichtig: Die generelle Pflicht zum Maske-Tragen bestand zum Redaktionsschluss dieses Buches (März 2022) in New York City nicht mehr - mit Ausnahme des öffentlichen Nahverkehrs, Fähren und Taxis. Zudem ist vor Ort, unter anderem in Restaurants, nicht mehr die Vorlage eines Impfnachweises erforderlich. Allerdings bestehen ausgewählte Einrichtungen, wie beispielsweise Museen, auf Impfnachweis und Maskenpflicht.

Weitere Informationen: *auswaertiges-amt.de/de/aussenpolitik/laender/usa-node/usavereinigtestaatensicherheit/201382*

BESTE REISEZEIT

Frühling und Herbst (mit bunt strahlenden Bäumen des Indian Summer im Central Park) gelten als beste Reisezeit. Im Sommer kann es in New York recht heiß und schwül werden – nicht unbedingt ideal zum Sightseeing. Wen Schnee, starker Wind und teils extrem kalte Temperaturen nicht stören, genießt Big Apple zur Weihnachtszeit, bzw. im Januar und Februar. Als besonders preiswerte Monate für Flüge und Hotels gelten März und November.

INFORMATIONEN UND AUSKUNFT

Zahlreiche Informationen auch in deutscher Sprache bieten die Websites *de.nycgo.com* (offizieller Guide der Stadt New York) und *visittheusa.de* (offizielle Tourismus-Website der USA). Das offizielle NYC Information Center der Stadt New York befindet sich im Kaufhaus Macy's am Herald Square. Es ist täglich von 10 bis 22 Uhr (Sonntag: nur bis 21 Uhr) geöffnet; 151 West 34th Street, NY 10011, New York; *de.nycgo.com/plan-your-trip/basic-information/official-nyc-information-centers*). Nachst gelegene Subway-Stationen: 34 St-Herald Square (Linien N, Q, R und W) oder 34 St-Penn Station (Linien 1, 2 und 3).

Konsulate

Die Bundesrepublik Deutschland unterhält in New York ein Konsulat, das von Montag bis Freitag jeweils vormittags geöffnet bzw. telefonisch zwischen 10 und 16 Uhr erreichbar ist; 871 United Nations Plaza (1st Avenue zwischen 48th und 49th Street), New York, NY 10017, Tel.: +1 646 509 3894 und +1 646 942 4822; *germany.info/us-en/embassy-consulates/newyork/data/975520*. Für konsularische Notfälle außerhalb der regulären Öffnungszeiten ist eine Sondernummer geschaltet: +1 202 298 4000.

Das österreichische Generalkonsulat ist Montag bis Freitag von 9 bis 12 Uhr geöffnet (Bürozeiten: 9 bis 17 Uhr); 31 East 69th Street (zwischen Park und Madison Avenue), New York, NY 10021, Tel.: +1 212 737 6400; *bmeia.gv.at/gk-new-york/ueber-uns/anfahrt-und-oeffnungszeiten*. Rufbereitschaft für österreichische Staatsbürger in Notfällen: +1 917 612 9792.

Das schweizerische Generalkonsulat ist Montag bis Freitag von 9 bis 12 Uhr geöffnet und telefonisch erreichbar; 633 Third Avenue, 30th floor, New York, NY 10017-6706, Tel.: +1 212 599 5700; *eda.admin.ch/newyork*. Kontakt für Notfälle außerhalb der Öffnungszeiten: +41 800 24 7 365.

Gesundheit und Versicherungen

Das Gesundheitssystem in den USA ist privatrechtlich organisiert, deutsche Krankenkassen kommen daher nicht für Kosten bei medizinischer Versorgung im Krankenhaus oder bei einem Arzt auf. Reisende sollten daher in jedem Fall eine Auslandsreisekrankenversicherung (inkl. Kostenübernahme für den Rücktransport) abschließen. Die Qualität des Gesundheitssystems ist im Regelfall hoch, Arztzentren und Krankenhäuser finden sich in allen Stadtteilen. Vielen Drogerien wie Walgreens und CVS sind Apotheken und oftmals ein Arzt angeschlossen, zudem sind hier auch rezeptfreie Medikamente erhältlich. Die zentrale Notrufnummer lautet: 911.

Corona-Tests (Antigen und PCR) sind an zahlreichen Stellen erhältlich. Die Kosten können variieren. Wer für die Rückreise einen Corona-Test benötigt, sollte sich frühzeitig informieren und ggf. einen Testtermin reservieren.

Feiertage

An den zwölf staatlichen Feiertagen sind zwar Verwaltung, Firmen und Büros geschlossen. Geschäfte, Restaurants und Attraktionen sind jedoch meist geöffnet. Ausnahme: An Thanksgiving und Christmas Day sind meist nur noch Restaurants und nur wenige Geschäfte in Betrieb, während Museen im Regelfall geschlossen sind.

Übersicht der Feiertage:
- New Year's Day: 1. Januar
- Martin Luther King Day: dritter Montag im Januar
- Lincoln's Birthday: 12. Februar
- Presidents' Day: dritter Montag im Februar
- Memorial Day: letzter Montag im Mai, inoffizieller Auftakt für Hauptreisezeit
- Independence Day: 4. Juli, Museen und Geschäfte oftmals mit geänderten Öffnungszeiten, großes Feuerwerk
- Labor Day: erster Montag im September, inoffizielles Ende der Ferienzeit
- Columbus Day: zweiter Montag im Oktober
- Veterans Day: 11. November
- Thanksgiving: vierter Donnerstag im November
- Christmas Day: 25. Dezember

Zusätzlich zu den offiziellen staatlichen Feiertagen gibt es zahlreiche weitere bedeutende Tage in New York: Dazu zählen in erster Linie die Feierlichkeiten zum Gedenken an die Opfer der Anschläge von 9/11. Außerdem der St. Patrick's Day (irischer Nationalfeiertag) im März, Ostern (keine Feiertage), Mother's Day und Fleet Week im Mai, Halloween Ende Oktober sowie der sogenannte Black Friday (Tag nach Thanksgiving, mit Sonderangeboten zum Shopping). Überdies finden regelmäßig Paraden zu zahlreichen Anlässen statt.

Kleidung

Bequeme Schuhe sind unerlässlich: Trotz Bus und Bahn laufen Besucher im Big Apple oftmals viele Kilometer, von den engen Treppen zur Subway ganz zu schweigen! Kleidungstechnisch hilft der sogenannte Zwiebel-Look – denn nicht zuletzt dank der Klimaanlagen sowie frischer Winde vom Atlantik kann es gerade im Frühjahr und Herbst schnell frisch werden. Wer empfindlich ist, sollte für die oftmals kalten Subway-Züge einen Schal mitnehmen. Auch in besseren Restaurants sind mittlerweile Jeans akzeptiert. Nur in teuren Gourmettempeln und edlen Clubs ist elegante Kleidung Pflicht. In vielen Rooftop-Bars werden Jeans und Freizeitschuhe akzeptiert.

Öffnungszeiten

Die Öffnungszeiten sind vom Gesetzgeber nicht geregelt. Daher sind viele Geschäfte, auch bekannte Ketten, oftmals bis spät abends geöffnet. Supermärkte und Drogerien (teils mit kleiner Lebensmittelabteilung und Apotheke sowie großer Auswahl ans rezeptfreien Medikamenten) bieten noch deutlich längere Öffnungszeiten, oftmals bis 22 Uhr oder länger, manche auch rund um die Uhr.

Preisniveau und Vergünstigungen

New York ist kein preiswertes Reiseziel. Wer jedoch beispielsweise Restaurants meidet und eher in Food Courts isst sowie auf teure Aktivitäten verzichtet, kann das Reisebudget schonen. Bei ausgewählten Attraktionen lässt sich durch Nutzung von Sightseeing-Pässen, die für mehrere Sehenswürdigkeiten gültig sind, Geld sparen (beispielsweise *citypass.com/new-york-comparison* oder *de.newyorkpass.com*). Für viele Attraktionen können im Voraus Tickets für bestimmte Tage und Uhrzeiten reserviert werden, um Wartezeiten zu vermeiden. Vor allem für die Freiheitsstatue möglichst früh buchen!

Richtwerte für ausgewählte Kosten (jeweils pro Person):
Essen im Food-Court: ab 10 USD
Restaurantbesuch: ab 20 USD
Statue of Liberty: ab 23,50 USD
Bootsausflug (Circle Line): ab 29 USD
Aussichtsplattform (Summit One Vanderbilt): ab 59 USD
Museumsbesuch (Metropolitan Museum of Art): 25 USD
Rundflug: ab 159 USD
Musical-Ticket („Lion King"): ab 108 USD

(Stand März 2022, zzgl. Steuern)

Gepflogenheiten im Alltag

Vor allem drei Punkte sollten Touristen in New York beherzigen.
- Für alle Service-Leistungen wird ein Trinkgeld erwartet. Im Restaurant sind 15 bis 20 Prozent des Rechnungsbetrags üblich. Das Zimmermädchen bekommt 2 USD pro Tag, der Gepäckträger 1 USD pro Stück, der Taxifahrer mindestens 2 USD, im Regelfall 10 Prozent.
- In den USA darf Alkohol nicht im öffentlichen Raum konsumiert werden. Auch geöffnete Bier- oder Wein-Flaschen mit sich zu führen, ist verboten!
- Rauchen ist weitgehend verpönt. Mittlerweile gelten auch für Parks Rauchverbote – in Museen, Restaurants und Hotels ohnehin.

Sicherheit und Kriminalität

Innerhalb der USA gilt New York als sicherste Großstadt. Aber wie in allen Metropolen sollten Besucher einiges beherzigen: Geld und Papiere beispielsweise sicher am Körper oder in der Tasche verstauen, Rucksäcke und Handtaschen nicht unbeaufsichtigt lassen und in der Subway festhalten. Auch Schmuck und Fotoausrüstung sollten nicht zur Schau gestellt werden. Viele Hotelzimmer verfügen über einen Safe. Parkanlagen wie den Central Park in der Dunkelheit besser meiden. Die Subway gilt als sicheres Verkehrsmittel.

Telefon und Internet

Telefonate mit Mobiltelefonen und mobiler Internetzugang können aufgrund von Roaminggebühren sehr teuer werden. Wer unterwegs viel telefonieren oder surfen möchte, um beispielsweise Unterkünfte und Ausflüge zu buchen, sollte sich schon vorab in Deutschland oder bei Ankunft in New York eine SIM-Karte eines lokalen Anbieters besorgen, sofern das deutsche Handy einen SIM-Kartenwechsel erlaubt (SIM-Lock-free). Nahezu alle Hotels bieten WiFi (WLAN), mittlerweile oftmals kostenlos. Viele Restaurants, Cafés und Fast-food-Ketten gewähren Kunden kostenlosen Internet-Zugang für eine begrenzte Zeit. Auch in Parks, Museen und manchen Subway-Stationen wird kostenloses WiFi offeriert. Überdies bieten deutsche Mobilfunkgesellschaften wie Vodafone oder T-Mobile kostengünstige Pakete, um in New York das Smartphone nutzen zu können.

Unterkünfte

Qual der Wahl: Vom Schlafplatz im Mehrbettzimmer eines Hostels für einige Dollar über gemütliche Bed & Breakfast-Häuser bis hin zu luxuriösen Lodges mit Zimmerpreisen jenseits der 500-Dollar-Marke reicht das Angebot im Big Apple (Hotelempfehlungen siehe Anhang B, Seite 280).

Richtwert: In Manhattan muss für ein Doppelzimmer in einem Mittelklasse-Hotel mit einem Preis von rund 180 bis 350 USD pro Nacht gerechnet werden. Rund um die Wall Street ist es tendenziell billiger, wenn der Reisezeitraum ein Wochenende einschließt. Günstiger sind auch Unterkünfte in Brooklyn und Long Island City (Queens) sowie in Jersey City (Kosten und Zeit für Anreise nach Manhattan berücksichtigen). Unter Umständen macht auch die Buchung einer Ferienwohnung Sinn (beispielsweise via Airbnb, örtliche Regeln beachten).

Hinweis: Wer technische Geräte wie Smartphones oder Laptops nutzen bzw. laden möchte, benötigt einen Adapter. Außerdem müssen die entsprechenden Geräte auch mit 110 Volt Stromspannung funktionieren bzw. entsprechend umschaltbar sein. In neu eröffneten Hotels gibt es teils schon USB-Ladebuchsen.

Transport vor Ort

Schon Manhattan ist so groß, dass man gar nicht alle Sehenswürdigkeiten zu Fuß erreichen kann – auch wenn Besucher jeden Tag viele Kilometer „machen" und Tausende Schritte laufen.

Bestes öffentliches Verkehrsmittel ist die Subway (*mta.info*), die New York auf 25 Linien mit 472 Bahnhöfen und 380 Streckenkilometern erschließt. Die Züge fahren im Regelfall rund um die Uhr, wobei manche Linien abends bzw. am Wochenende nicht bedient werden. Wichtig: Auf vielen Strecken fahren sowohl Züge, die an allen Stationen halten („Local Trains") als auch Expresszüge, die schneller sind, aber nur an manchen Stationen halten. Gut zu wissen: Das Subway-Netz ist so komplex, dass selbst Einheimische Jahre brauchen, um alle Finessen zu kennen! Parallel gibt es ein ausgedehntes Busnetz, wobei gerade in Manhattan die Busse oftmals im Stau stehen. In den anderen vier Bezirken sind Busse hingegen ein probates Verkehrsmittel.

Eine Einzelfahrt kostet 3 USD (bei Bezahlung am Automaten) bzw. 2,75 USD bei Nutzung der MetroCard (einmalig 1 USD Servicegebühr fällig). Angesichts der Kosten für das Einzelticket lohnt sich meist schon bei nur drei- oder viertägigen Aufenthalten das 7-Tages-Ticket (7-Day Unlimited Ride) für 33 USD (plus einmalig 1 USD für die MetroCard), mit dem Busse und Bahnen kostenlos in unbegrenztem Maße genutzt werden können. Alternativ besteht das neue Bezahlsystem OMNY (*omny.info*), das ab 2023 die bestehende MetroCard ablösen soll. Zusätzlich besteht ein gut ausgebautes Netz an Fähren, die über den Hudson bzw. East River schnell bedeutende Stadtteile verbinden (*nywaterway.com* und *ferry.nyc*). Hierfür sind gesonderte Tickets nötig. Die Fähre nach Staten Island ist kostenlos (*siferry.com*).

Deutlich teurer sind Fahrten mit dem Taxi. Es wird empfohlen, nur die bekannten Yellow Cabs zu nutzen. Achtung: Viele Fahrer sprechen und verstehen schlecht Englisch. Kreditkartenzahlungen sind meist möglich. Gerade in New York sind Fahrdienste wie Uber und Lyft sehr populär. Sie werden per App bestellt und bezahlt. Der Preis für die geplante Fahrt wird im Vorhinein festgelegt, sodass volle Kostentransparenz besteht und der Fahrpreis nicht durch Staus steigen kann. Achtung: Bei hoher Nachfrage, z. B. zur Rushhour oder bei Regen, können Fahrten deutlich teurer sein als zu anderen Uhrzeiten. Bei Gewitter können sich die Preise verdoppeln (wird aber zuvor angezeigt). Neben der Preissicherheit zu Fahrtbeginn sind die Fahrzeuge oft deutlich gepflegter als die Yellow Cabs und die Fahrer meist ortskundiger und besser verständlich. Zuweilen entwickelt sich eine muntere Unterhaltung!

Zeitunterschied

Der Zeitunterschied zwischen Deutschland und New York beträgt im Regelfall sechs Stunden. Die Umstellung zwischen Sommer- und Winterzeit erfolgt nicht zeitgleich mit Deutschland (USA: zweites Wochenende im März, erstes Wochenende im November).

Haftungshinweis/-ausschluss:

Alle Angaben wurden nach bestem Wissen und Gewissen recherchiert. Allerdings übernehmen Redaktion und Verlag keine Gewähr bzw. Haftung bei Fehlern bzw. Änderungen. Insbesondere hinsichtlich der Einreise-/Visumbestimmungen sowie der Regelungen infolge der Corona-Pandemie informieren Sie sich bitte individuell. Stand der Informationen: März 2022

Anhang A – Restaurant-Empfehlungen

Ob vietnamesisch, polnisch, kubanisch oder „Fusion Food", worunter man die Kombination diverser regionaler Küchen versteht: In New York muss niemand darben. Weit über 20.000 Restaurants machen den Big Apple zu einem kulinarischen Schmelztiegel. Ihre persönlichen Favoriten verraten die Autoren hier: vom hippen Suppenkiosk über eine kleine Brauerei in Greenpoint bis zum romantischen Restaurant im Central Park. Hinweis: Manche Empfehlungen sind bereits in den Tipps erwähnt.

In Manhattan

230 FIFTH Rooftop Bar: Zählt zu den beliebtesten Rooftop-Bars, zwangloses Ambiente ohne besonders anspruchsvollen Dresscode, einzigartiger Blick aufs Empire State Building, bekannt auch für seine Iglus im Winterhalbjahr (siehe Seite 68), kein Eintritt; 230 5th Avenue, New York, NY 10001, *230-fifth.com*

B. On Top: Tolle Aussicht, unter anderem auf den Hudson River zum Sonnenuntergang, im Gansevoort Hotel im hippen Meatpacking District; 18 9th Avenue, New York, NY 10014, *gansevoorthotelgroup.com/gansevoort-meatpacking-nyc/eat-drink/gansevoort-rooftop*

Bill's Bar & Burger: Saftige Burger in gemütlicher Atmosphäre, zwei Filialen in New York, unter anderem am Rockefeller Center; 16 W 51 Street, New York, NY 10019, *billsbarandburger.com*

Brodo: Kette von sogenannten „Suppen-Kiosken". Angebot reicht von hausgemachten Brühen in „Coffee-to-go"-Bechern über Klassiker wie Hühnerbrühe bis hin zu Seegras/Pilz-Brühen, vier Standorte in New York, zum Beispiel an der Upper West Side; 2144 Broadway, New York, NY 10023, *brodo.com*

Burger Joint: Vergleichsweise neue Adresse für köstliche Burger mit drei Filialen in New York, beispielsweise im Hyatt Hotel Thompson Central Park New York; 119 West 56th Street, New York, NY 1001, *burgerjointny.com/united-states*

Chelsea Market: Beliebter Food Court in einem früheren Industriegebäude, nahe des Highline Park; 75 9th Avenue, New York, NY 10011, *chelseamarket.com*

CUT: Edles Steakhouse aus dem Restaurant-Imperium des Österreichers Wolfgang Puck (kocht auch bei den Oscar-Verleihungen), hochpreisig aber vorzüglich; 99 Church Street, New York, NY 10007, *wolfgangpuck.com/dining/cut-new-york*

Harry's Cafe: Bekannt aus zahlreichen Filmen wie „Wall Street" (siehe Seite 62), exzellente Steaks, nahe zur Wall Street; 1 Hanover Square, New York, NY 10004, *harrysnyc.com*

Hudson Eats: Klassischer Food Court im Brookfield Place, schön gelegen zwischen Hudson River und One World Trade Center; 230 Vesey Street, New York, NY 10281, *bfplny.com/food/?type=hudson*

Le District: Gemütliches Restaurant mit Brasserie, Food Court und Supermarkt, Terrasse mit Blick auf Hudson River, im Brookfield Place, gutes Preis-Leistungs-Verhältnis; 230 Vesey Street, New York, NY 10281, *ledistrict.com*

Manhatta: Traumhafter Blick aus dem Restaurant im 60. Stock, mitten im Financial District, lohnt auch für ein Bier an der Bar; 28 Liberty Street, New York, NY 10005, *manhattarestaurant.com*

Loeb Boathouse: Eines der romantischsten Restaurants New Yorks, mitten im Central Park, gehobenes Preisniveau; Park Drive North, E 72nd Street, New York, NY 10021, *thecentralparkboathouse.com*

The Loeb Boathouse

R Lounge at Two Times Square: Fantastischer Blick auf das Gewusel des Times Square, amerikanisches Essen, aber auch gut nur für einen Cocktail am Abend, im Renaissance New York Times Square Hotel; 714 7th Avenue, New York, *marriott.com/hotels/hotel-information/restaurant/nycrt-renaissance-new-york-times-square-hotel*

Salon de Ning: Rooftop Bar mit Aussicht auf Fifth Avenue und Central Park, eher luxuriöse Atmosphäre und höhere Preise, im Hotel The Peninsula; 700 5th Avenue, New York, NY 10019, *peninsula.com/en/new-york/hotel-fine-dining/salon-de-ning-midtown-rooftop-bar*

The Champagne Bar: Gediegene Bar des Hotel Plaza (siehe Seite 51), im Design des frühen 20. Jahrhunderts; 768 5th Avenue, New York, NY 10019, *fairmont.com/the-plaza-new-york/dining/thechampagnebar*

The View Restaurant & Lounge: Klassiker im 48. Stock des Hotel Marriott Marquis am Times Square, sich drehendes Restaurant mit Panoramablick, neben À-la-carte auch Buffet; 1535 Broadway, New York, NY 10036, *theviewnyc.com*

In Brooklyn

Devocion: Coffee-Shop-Kette mit zwei Filialen in Brooklyn und einem Ableger in Manhattan, von Hipster-Favoriten wie Acai Bowls bis hin zu Klassikern wie süßen Waffeln; beispielsweise 276 Livingston Street, Brooklyn, NY 11201, *devocion.com*

Heights Cafe: Typisches Nachbarschafts-Restaurant, zentral in Brooklyn Heights (siehe Seite 116); 84 Montague Street, Brooklyn, NY 11201, *heightscafeny.com*

Keg & Lantern Brewing Company: Moderne Pub-Küche und selbst gebrautes Bier in Greenpoint (siehe Seite 136), sehr gutes Preis-Leistungs-Verhältnis, geöffnet bis nach Mitternacht; 97 Nassau Avenue, Brooklyn, NY 11222, *kegandlanternbrooklyn.com*

Rooftop Reds: Weinbar mit Wein aus eigenen Trauben auf dem Dach eines mehrstöckigen Gebäudes mit Aussicht auf Manhattan und Brooklyn, gelegen im Navy Yard, vorherige Anmeldung notwendig; 299 Sands Street, Building 275, Brooklyn, NY 11205, *rooftopreds.com*

Rooftop Reds, Brooklyn

Time Out Market New York: Der Food Market mit 19 Restaurants, Cafés und Bars in einem historischen Gebäude punktet mit einem Panoramablick, gelegen direkt am East River zwischen Brooklyn und Manhattan Bridge; 55 Water Street, Brooklyn, NY 11201, *timeoutmarket.com/newyork*

William Vale Hotel: Angesagte Rooftop Bar, samt Pool, mit unvergesslichem Blick über Brooklyn und den East River bis nach Manhattan; 111 N 12th Street, Brooklyn, NY 11249, *thewilliamvale.com*

In der Bronx

Sammy's Shrimp Box: Populäres Fischrestaurant auf City Island (siehe Seite 192), viele Einheimische genießen hier Hummer; 64 City Island Avenue, The Bronx, NY 10464

In New Jersey (direkt am Hudson River)

Chart House: Exzellentes Fischrestaurant mit überwältigendem Blick auf Manhattan und den Hudson River (siehe Seite 222), sehr gutes Preis-Leistungs-Verhältnis; 1700 Harbor Boulevard, Weehawken, NJ 07086, *chart-house.com/locations/weehawken*

RoofTop at Exchange Place: Beliebte Bar mit schöner Aussicht auf das One World Trade Center, auf dem Dach des Hotels Hyatt House in Jersey City (siehe Seite 224), moderate Preise, gute Stimmung; 1 Exchange Place, Jersey City, NJ 07302, *rooftopxp.com*

Anhang B – Ausgewählte Unterkünfte

Urlauber können in New York unter einer Vielzahl von Hotels und Hostels unterschiedlicher Qualität und Preislage wählen. Es lohnt sich, Zimmer möglichst frühzeitig zu buchen. Deutsche Reiseveranstalter bieten teils günstigere Preise als bei einer direkten Buchung. Wer Geduld hat, reserviert online direkt im Hotel ein Zimmer, schaut regelmäßig nach Alternativen und bucht ggf. um, wenn sich ein besseres Angebot bietet.

Collective Governors Island: Luxuriöses Zelten (Glamping) auf der gleichnamigen Insel vor Manhattan (siehe Seite 30), ab 389 USD, Governors Island, New York, NY 10004, *collectiveretreats.com/retreat/collective-governors-island*

DoubleTree by Hilton New York Downtown: Für New Yorker Verhältnisse sehr große Zimmer, nur wenige Fuß-Minuten zum One World Trade Center. An Wochenenden oftmals deutlich preiswerter, ab 217 USD; 8 Stone Street, New York, NY 10004, *hilton.com/en/hotels/nycbpdt-doubletree-new-york-downtown*

Holiday Inn Manhattan-Financial District: Eher kleine Zimmer, teils mit Blick auf One World Trade Center oder Hudson River, 50 Stockwerke hoch und daher lange Wartezeiten am Aufzug, ab 245 USD; 99 Washington Street, New York, NY 10006, *ihg.com/holidayinn/hotels/us/en/new-york/nycwa/hoteldetail*

InterContinental New York Times Square: Modernes Hotel in zentraler Lage inmitten des Theatre District, nur ein Block vom Times Square entfernt, Zimmer zum Teil mit Ausblick auf den Hudson River und den Broadway, ab 322 USD; 300 W 44th St, New York, NY 10036, *interconny.com*

Pod39, Pod51 und Pod Times Square Hotel sowie PodBrooklyn: Mix aus Hotel und Luxus-Hostel, oft preiswert, manchmal aber teurer als Hotels im Financial District, manche mit Dachterrasse oder Garten, drei Standorte in Manhattan und Brooklyn, ab 229 USD; zum Beispiel Pod51: 230 East 51st Street, New York, NY, 10017

RIU Plaza New York Times Square Hotel: 300 Meter bis zum Times Square, bei deutschsprachigen Gästen sehr beliebt, viel gelobtes Frühstücksbuffet; ab 270 USD (inkl. Frühstück); 305 West 46th Street, New York, NY 10036, *riu.com/de/hotel/usa/new-york/hotel-riu-plaza-new-york-times-square/index.jsp*

ROW NYC: Nur ein Block vom Times Square entfernt. Das Hotel ist vor einigen Jahren komplett modernisiert worden, ab 242 USD; 700 8th Avenue, New York, NY 10036, *rownyc.com*

The Westin New York Grand Central Hotel: Luxuriöses Hotel mit sehr gutem Service, zentral gelegen zwischen Grand Central Terminal, Empire State Building und Rockefeller Center, manche Zimmer mit Blick aufs Chrysler Building oder Empire State Building, ab 303 USD; 212 E 42nd Street, New York, NY 10017, *marriott.com/en-us/hotels/nyczw-the-westin-new-york-grand-central*

The Westin New York Grand Central Hotel

Vanderbilt YMCA: Bekanntes Hostel, Zimmer teils mit eigenem Bad/Dusche, nah zu den Vereinten Nationen und dem Grand Central Terminal gelegen, vor einigen Jahren modernisiert, Zugang zum Schwimmbad, ab 159 USD; 224 East 47th Street, New York, NY 10017, *ymcanyc.org/locations/vanderbilt-ymca/guest-rooms*

World Center Hotel: Gegenüber vom One World Trade Center, manche Zimmer bieten entsprechenden Blick, teils mit französischem Balkon bzw. Terrasse, kostenlose Waschmaschinen, ab 189 USD; 144 Washington Street, New York, NY 10006, *worldcenterhotel.com*

(Zimmerpreise für September 2022, ermittelt im März 2022, zzgl. Steuern)

Anhang C – Kinofilme zur Einstimmung

In New York wurden zahlreiche Kinofilme gedreht (siehe Seite 62). Allein die bekannte Kulisse garantiert schon viel Aufmerksamkeit! Hier eine kleine Auswahl für die Einstimmung auf die nächste Reise – rein subjektiv als persönliche Empfehlung der Autoren und vor allem ohne Anspruch auf Vollständigkeit. Auch zahlreiche Fernsehserien spielen in New York – beispielsweise „How I met Your Mother", „Sex and the City", „Seinfeld", „Friends", „Castle" und „Blue Bloods".

20 Filme zur Einstimmung bzw. zum nachträglichen Erinnern

Black Swan: Drama, u. a. mit Natalie Portman, 2010

Der große Gatsby: Drama, u. a. mit Leonardo di Caprio, 2013

Der Pate: Mafia-Trilogie, u. a. mit Marlon Brando und Al Pacino, 1972

Der Stadtneurotiker: Komödie von Woody Allen, u. a. mit Diane Keaton, 1977

Der Teufel trägt Prada: Komödie um eine Berufsanfängerin in der Redaktion eines Modemagazins, u. a. mit Anne Hathaway und Meryl Streep, 2006

e-m@il für Dich: Liebesfilm, u. a. mit Meg Ryan und Tom Hanks, 1998

Extrem laut & unglaublich nah: Post 9/11-Drama, u. a. mit Tom Hanks, 2012

Frühstück bei Tiffany's: Romantik-Komödie, u. a. mit Audrey Hepburn, 1961

Ghostbusters: Science Fiction/Fantasy-Film, u. a. mit Bill Murray, 1984

Godfellas: Mafia-Film von Martin Scorsese, u. a. mit Robert De Niro, 1990

Harry und Sally: Romantik-Komödie, u. a. mit Meg Ryan und Billy Crystal, 1989

Kevin – Allein in New York: Weihnachtliche Filmkomödie um einen Jungen, u. a. mit Macaulay Culkin, 1992

King Kong: Klassiker der Filmgeschichte, neu verfilmt u. a. mit Naomi Watts, 2005

Manhattan: Romantische Filmkomödie, u. a. mit Woody Allen (auch Regisseur), 1979

Stirb Langsam – Jetzt erst recht: Actionfilm, u. a. mit Bruce Willis, 1995

Sully: Auf Tatsachen beruhender Spielfilm von Clint Eastwood zur Notlandung des US-Airways-Fluges 1549 im Hudson River im Jahr 2009, u. a. mit Tom Hanks, 2016

Taxi Driver: Drama von Martin Scorsese um einen einsamen Taxifahrer, u. a. mit Jodie Foster und Robert de Niro, 1976

The Wolf of Wall Street: Filmbiografie des Börsenmaklers Jordan Belfort, u. a. mit Leonardo DiCaprio, 2013

Wall Street: Spielfilm rund um Aktien und Big Business, u. a. mit Michael Douglas, 1987

Weil es Dich gibt: Weihnachtlicher Liebesfilm, u. a. mit John Cusack, 2001

Register

Symbole

9/11/September 11/11. September 18, 21, 198, 202, 229
9/11 Memorial & Museum 18

A

Abyssinian Baptist Church 92 ff.
Apollo Theater 93, 94 ff.
Arthur Ashe Stadium 155, 158
Aussichtsplattform 12, 16 ff., 56 ff., 222, 272

B

Banksy 59 ff.
Battery Park 21, 60, 227, 231
Beach (Strand) 14, 134, 146, 169, 170 ff., 192 ff., 198, 211, 212 ff., 218, 232 ff., 239, 242 ff., 246 ff., 250 ff., 257, 258 ff., 262
Bethel Gospel Assembly 92 ff.
Big Apple Greeter 13, 86 ff., 157
Broadway 20, 24, 42 ff., 50, 61, 86, 95, 106
Bronx 4, 12, 14, 58, 128, 175, 179 ff.
Bronx Community College 185 ff.
Bronx Zoo 191
Brookfield Place 67 ff., 225 ff., 229 ff.,
Brooklyn 4 ff., 12 ff., 16 ff., 30 ff., 57, 58 ff., 85, 110 ff., 150, 170, 198, 208 ff., 226, 232, 278
Brooklyn Botanic Garden 4, 14, 119, 127, 128 ff., 188
Brooklyn Bridge 12, 16, 113, 116 ff., 227
Brooklyn Bridge Park 33, 57, 117 ff.
Brooklyn Heights 113, 116 ff.
Bryant Park 67, 70 ff.
Bushwick 60 ff.

C

Camping 173, 211, 234, 249, 253
Cathedral of Saint John The Divine 94
Central Park 4, 13 ff., 16 ff., 27, 50 ff., 62 ff., 67, 71, 82 ff., 86 ff., 94 ff., 113, 166, 181, 228, 268, 272
Central Park Zoo 16
Chinatown 155 ff.
Christopher Park 44 ff.
Chrysler Building 24, 80, 138, 281
Citi Field 158
City Climb 12
City Island 179, 192 ff., 279
City University of New York 186
Columbia University 95
Columbus Circle 43, 50 ff., 67, 86 ff.
Coney Island 16, 113, 170, 212
Cooper's Beach 251 ff.

D

Dakota Building 88
Deutsche Bank Center 87
Dumbo 119
Dyker Heights 140 ff.

E

East Hampton 250 f., 254, 258, 263 ff.
East River 12, 46 ff., 57, 78 ff., 113, 117 ff., 132 ff., 138 ff., 150 ff., 154, 226, 274, 279
East River State Park 132 ff., 139
Ed Koch Queensboro Bridge 81
Eisenhower, Dwight D. 95
Eislaufen 34, 69, 70 ff.
Ellis Island 17, 228 ff.
Empire State Building 12, 16 ff., 56, 68, 71, 80, 138, 153, 222, 226, 276
ESTA 267
Exchange Place 218, 224 ff., 279

F

Fähre / Ferry 4, 14, 21, 27, 30 ff., 80, 119, 139, 153, 173, 198 ff., 220 ff., 248, 265, 274
Fahrrad 4, 13, 16, 30 ff., 85, 94 ff., 160, 215, 233 ff.

Film	34 ff., 51, 62 ff., 88, 151, 159, 210, 282
Fire Island	246 ff.
First Corinthian Baptist Church	90 ff.
Flatiron Public Plaza	43
Flughafen	146, 160, 218, 216, 266
Flushing Meadows Corona Park	63, 155, 158 ff., 162, 165
Fort Hancock	234
Fort Lee Historic Park	108 ff.
Fort Tilden Beach	172
Fort Tryon Park	84, 106
Fort Wadsworth	198, 208 ff., 215
Franklin D. Roosevelt Four Freedoms Park	79 ff.
Frederick Douglass Memorial	94
Freiheitsstatue	4, 13, 17 ff., 26, 30 ff., 57, 198, 202, 226, 228 ff., 271, 272

G

Gantry Plaza State Park	152 ff.
Gateway National Recreation Area	169, 172, 209, 235
Gay Liberation Monument	44
General Grant National Memorial	96
George Washington Bridge	4, 55 ff., 106 ff.
Glamping	27, 30 ff., 280
Golfplatz	173, 247 ff.
Gospel	90 ff., 94
Gottesdienst	90 ff., 94, 107
Governors Island	13, 21, 27, 30 ff., 126, 203, 232, 280
Graffiti	58 ff., 151
Grand Army Plaza (Brooklyn)	123, 124 ff., 128 ff.
Grand Army Plaza (Manhattan)	16
Grand Central Terminal	38, 64, 28, 281
Grand Ferry Park	133
Grant, Ulysses Simpson	96
Greenacre Park	43 ff.
Greenpoint	113, 135, 136 ff., 150, 278
Greenwich Village	35, 44, 59
Gutenberg-Bibel	39

H

Hall of Fame for Great Americans	179, 184 ff.
Hamilton Grange National Memorial	98 ff., 105
Hamilton, Alexander	98 ff.
Haring, Keith	59
Harlem	4, 13, 27, 59, 89, 90 ff., 94 ff., 98, 102, 212
Harlem Gospel Choir	92 ff.
Hart Island	194
Herald Square	43 ff., 268
High Line Park	21
Highbridge Park	102 ff., 109
Hudson River	14, 19, 54 ff., 67, 84 ff., 86, 96, 107, 180 ff., 222 ff., 224 ff., 228 ff.,276 ff., 280, 218
Hudson River Waterfront Walkway	14, 224 ff.
Hudson Yards	21, 56, 154, 222
Hummer	194, 222, 260 ff., 279

I

Indian Summer	16, 82 ff., 268
Intrepid Sea, Air & Space Museum	54 ff.

J

Jacob Riis Park	14, 146, 170 ff.
Jamaica Bay Wildlife Refuge	14, 166 ff.
Jersey City	30, 67, 210, 227, 273, 279
Jones Beach State Park	239, 242 ff.

K

Kajak	30, 54 ff., 160, 230 ff., 234 ff., 264 ff.
Kinofilm	34 ff., 51, 62 ff., 88, 151, 159, 210, 282

L

Lady Liberty	4, 13, 17 ff., 26, 30 ff., 57, 198, 202, 226, 228 ff., 271, 272

Leuchtturm/Lighthouse 80, 106 ff., 233 ff., 246 ff., 258 ff.
Liberty Island 17, 229
Liberty State Park 218, 227, 228 ff.
Lincoln Center 63, 87
Little India 155
Little Island 16
Lobster 194, 222, 260 ff., 279
Long Island 4, 12 ff., 85, 236 ff.
Long Island City 48, 150 ff., 273, 280
Long Island Sound 160, 192 ff.
LongHouse Reserve 239, 254 ff.

M
Macy's 22, 268
Main Beach 15, 250 ff.
Mandarin Oriental 50 ff.
Manhattan 4, 12 ff., 16 ff., 24 ff.
Markt 67, 122, 124 ff.
Marsha P. Johnson State Park (East River State Park) 132 ff., 139
McCarren Park 138 ff.
Meatpacking District 21, 276
Metropolitan Museum of Art 20, 26, 38, 84, 106, 183, 272
Midtown 27, 42 ff., 139, 152, 226, 278, 280
Minigolf 160, 245, 259 ff.
MoMA PS1 151 ff.
Montauk 239, 250, 258 ff., 263 ff.
Morgan, John Pierpont 39
Morningside Heights 95
Morris-Jumel Mansion 102 ff., 109
Mural 58 ff.
Museum of Modern Art 13, 150 ff.
Musical 101, 272, 278

N
National Historic Landmark 41, 260
National Monument 30
Nationalpark/ National Park 82, 169, 209
New Jersey 4 ff., 12 ff., 19, 55, 107 ff., 124, 169, 180, 198, 216 ff., 266, 279, 280
New York Botanical Garden 85, 188 ff., 194

New York Mets 158
New York University 34 ff., 126, 187

O
Obama, Barack 95
Old Stone House 120 ff.
One World Trade Center 4, 12, 18, 22, 27, 44, 56, 58 ff., 67, 80, 202, 222, 224 ff., 228 ff., 235, 239, 277, 279, 280 ff.
Orchard Beach 14, 192 ff., 212

P
Paley Park 43 ff.
Palisades Interstate Park 108
Panorama/Panoramablick 5, 12, 31, 56, 113, 133, 139, 208, 218, 223, 226, 278 ff.
Parrish Art Museum 257
Pelham Bay Park 194
Piano, Renzo 40
Prospect Park 85, 113, 124, 128

Q
Queens 4, 12 ff., 80, 89, 126, 144 ff., 212, 273
Queens Botanical Garden 157, 161, 165
Queens Museum 161, 165
Queens Night Market 162 ff.
Queens Zoo 157, 161

R
Radio City Music Hall 19
Red Hook 57
Riverside Church 96
Robert Moses State Park 246 ff.
Roberto Clemente State Park 187
Rockaway Beach 169, 171 ff., 213
Rockefeller Center 19, 27, 66 ff., 142
Roger Morris Park 103 ff.
Roosevelt Island 26, 48, 78 ff., 152
Roosevelt Island Tram 78 ff.
Roosevelt, Franklin D. 79, 214

Bildnachweis:
Alle Bilder von Christian Dose, außer Adobe Stock Cover | Aleksandr Zykov cc by-sa 2.0 S. 43, 144 | Backofen, Olaf Rückseite unten | Big Apple Greeter S. 86 | Brooklyn Brewery S. 133 | Collective Governors Island S. 32, 33 | Discover Long Island S. 236, 243 (Sarah Caponi) | Edge S. 9 | Gerstenmaier, Carolin S. 58, 126, 127 | InSappoWeTrust cc by-sa 2.0 S. 35 | Jackie via Flickr S. 203 | Jim Henderson cc0 S. 160 | Joshua Pomales cc by 2.0 S. 192 | Landry's S. 223 | LongHouse Reserve S. 254-257 | Mandarin Oriental New York S. 51o | Manhattan Kayak Company S. 54-56 | Maps 4 News S. 10, 11, 29, 77, 115, 149, 179, 201, 221, 241 | Morris-Jumel Mansion/Trish Mayo S. 102-103 | MTA/Patrick Carey S. 23u | NVSHUTTER/230 Fifth Rooftop Bar S. 69 | NYC & Company /Julienne Schaer S. 17, 80, 82, 83, 128, 138, 153 | NYC & Company/Alex Lopez S. 176, 193 | NYC & Company/Brittany Petronella S. 18, 20o, 44, 70, 74 | NYC & Company/Christopher Postlewaite S. 26 | NYC & Company/Jen Davis S. 21u | NYC & Company/Kate Glicksberg S. 158 | NYC & Company/Marley White S. 14, 21o, 78, 170, 172 | NYC & Company/Matthew Penrod S. 62 | NYC & Company/Molly Flores S. 67, 98, 117 | NYC & Company/Tagger Yancey IV S. 36, 130, 277u | NYC & Company/Tom Perry S. 112 | NYC & Company/Walter Wlodarczyk S. 132, 135 | Phil Whitehouse cc by 2.0 S. 34 | Pixabay S. 5, 60, 84, 110, 146, 154, 216, 260 | Public Domain S. 250 | Rooftop Red Brooklyn S. 279 | Snug Harbour S. 196, 204-206, 207 (Lance Reha) | Sracer357 CC BY-SA 30 S. 20 | SUMMIT One Vanderbilt/Alexis Tymorek S. 13 | The Morgan Library & Museum/Graham Haber S. 38-40 | The New York Botanical Garden S. 188-191 | The Pierre S. 53 | The Plaza S. 50, 51u, 52, 63 | UN Photo S. 48 (Rick Bajornas), 61 (Paulo Filgueiras) | Unsplash S. 22 (david-groves-raXnREhb-uI), 23o (chenyu-(guan-Hdctb0jcql4), 59u (leokwan-bXl9KsNW9nk), 174 (dan-gold-MyQRGqdq2fE) | Wave Hill S. 180-182 | Westin New York Grand Central Hotel S. 281

Roosevelt, Theodore 183
Ruderboot/Tretboot 16, 160, 259

S
Sag Harbor 262 ff.
Sandy Hook 4, 108, 169, 193, 218, 232 ff.
Seilbahn 78 ff.
Shelter Island 239, 262 ff.
Shinnecock East County Park 253
Smith, Jacqueline E. 15
Snug Harbor Cultural Center & Botanical Garden 204 ff.
Socrates Sculpture Park 151 ff.
Solomon R. Guggenheim Museum 38
South Beach 14, 170, 198, 211, 212 ff.
Southampton 251
Stand-up-Paddling 57
Staten Island 4, 12 ff., 21, 30, 196
Staten Island Ferry 21,
Staten Island September 11 Memorial 198, 202,
Statue of Liberty 4, 13, 17 ff., 26, 30 ff., 57, 198, 202, 226, 228 ff., 271, 272
Steak 65, 134, 223, 277
Stonewall Riots 44
Strand 14, 134, 146, 169, 170 ff., 192 ff., 198, 211, 212 ff., 218, 232 ff., 239, 242 ff., 246 ff., 250 ff., 257, 258 ff., 262
Street-Art 58 ff.
Subway 5, 14, 23, 63, 78, 97, 146, 154 ff., 266, 272, 274
Summit One Vanderbilt 12, 16, 272

T
Taxi 266, 272, 274, 283
The Edge 56 ff., 222
The Met Cloisters 84, 106, 183
The Morgan Library & Museum 13, 27, 38 ff.
The Peninsula 53, 278
The Pierre 53
The Plaza 50 ff., 64, 67, 278
The Vessel 56, 154
Time Warner Center 87
Times Square 20, 26, 43 ff., 278, 280 ff.
Top of the Rock Observation Deck 19
Twain, Mark 183

U
United Nations/UN 27, 61, 46 ff., 80, 218
Union Square 27, 43, 66 ff., 72, 126
United Palace 107
Upper West Side 13, 59, 64, 86 ff., 276
Uptown 27

V
Verrazzano-Narrows Bridge 198, 208 ff., 214 ff., 232
Vereinte Nationen 27, 61, 46 ff., 80, 218

W
Wadsworth, James S. 209
Wall Street 4, 27, 62 ff., 218, 235, 273, 277
Washington Heights 102 ff., 106 ff.
Washington Square 34 ff.
Washington, George 40, 98, 102 ff., 106, 122, 186, 260
Wave Hill 14, 85, 179, 180 ff.
Weehawken 14, 218, 222 ff., 279
Weihnachten 48, 66 ff., 140 ff.
Williamsburg 106, 113, 132 ff., 136 ff., 152
WNYC Transmitter Park 138
Wollman Rink 67

Y
Yankee Stadium 174, 187

Z
Zoo 16, 157, 161, 191Ad